聴き手の
こころの動きから見る
心理臨床の専門性

内的体験過程からのアプローチ

鈴木優佳

創元社

目　次

| 序　章 | 心理臨床の専門性を明らかにする試み | 3 |

1. 専門性の捉えにくさ　3
2. 聴き手のこころの動きに着目する──本書の構成　4

| 第1章 | 心理臨床の専門性がもつ特徴 心理臨床家の体験に基づく帰納的再定義 | 8 |

1. 心理臨床における専門性とは　8
2. 実践の内側から見る専門性の概観　10
3. 心理臨床の専門性の特殊性　20
4. 導き出された視点──専門性の特殊性と心理臨床家のこころの動き　23

| 第2章 | 専門性の一つとしての聴き手のこころの動き 先行研究の概観 | 27 |

1. 聴き手のこころの動きを探求する試み　27
2. 聴き手のこころの動きとしての「逆転移」　29
3. わが国の心理療法における聴き手のこころの動き　33
4. 心理療法における聴き手のこころの動きを扱った研究　41
5. 本書で検討されるべきこと　43

i

第3章 専門家と非専門家の聴き方の違い
ロールプレイを用いた調査　　46

1. 本章における問題と目的　46
2. 方法　48
3. 結果と考察——聴き手の行動傾向の様相　51

第4章 専門家と非専門家の内的体験過程の違い
インタビューを通した調査　　63

1. 本章における問題と目的　63
2. 方法　63
3. 結果と考察——聴き手の内的体験過程の様相　65
4. 聴き手の"行動傾向"と"内的体験過程"の検討を通して　76

第5章 専門家と非専門家の関係性の捉え方の違い
投映法的手法を用いた調査　　85

1. 本章における問題と目的　85
2. 方法　87
3. 分析1——結果と考察　関係性イメージの様相　89
4. 分析2——結果と考察　専門家の語り　110
5. 考察　119

第6章 専門家のこころの動きの個別性と普遍性
事例報告の読み方を通して　　122

1. 本章における問題と目的　122
2. 方法　123
3. 分析1——プロセスを読む体験過程に関する質的な検討　129

4. 分析2——心理臨床家の視点の共通性に関する数量的な検討　139
5. 考察　141

第7章　心理臨床実践における実際　147
二つのケースをもとに

1. 臨床事例から見るこころの動き　147
2. 事例A　149
3. 事例B　159
4. 考察　165

終章　心理臨床の専門性と展望　167

1. ここまでに検討されてきたこと　167
2. 聴き手のこころの動きと専門性　170
3. 本書の限界と今後の展望　172

付　録　175
引用文献　180
索　引　186
あとがき　188

聴き手のこころの動きから見る心理臨床の専門性
　　内的体験過程からのアプローチ

序章

心理臨床の専門性を明らかにする試み

1. 専門性の捉えにくさ

　昨今、急速な社会の変化とともに、人々のこころのケアが求められることが増え、心理臨床に携わる専門家が活動する領域が広がっている。カウンセリングや心理療法に代表されるように、悩みを抱える対象者の話を聴いたり、適切な手立てを見出すために心理臨床的なアセスメント手段を用いてこころのありようを理解しようとしたりと、その実践現場で一定の専門性をもって、専門的な行為をしている専門家が心理臨床家と呼ばれる人々である。

　筆者はまだ歩みを始めたばかりの心理臨床家に過ぎないが、心理臨床の道に足を踏み入れてから、次のような質問をたびたび投げかけられることがあった。その質問とは、「心理臨床家って何をしているのですか？」というものや、あるいは「人の話を聴くことなんて、誰にでも簡単にできるんじゃないですか？」といった類のものである。この質問を投げかけられるたびに、われわれは専門家であるにもかかわらず、その専門性を理解してもらいにくいという特徴をもっているのだということを直面させられてきた。そもそも、目に見えないこころという曖昧なものを対象としており、さらには人の話を「聴く」という行為は一見誰にでも簡単にできるように思われるために、その専門性が捉えにくいのだろうと考えられる。それでは、いったいどのようにしたら、この領域の専門性を捉えることが可能になるのであろうか。

　筆者は、そのヒントもまた、周囲から頻繁に投げかけられる問いの中にあるのではないかと考えている。それは、「人の話を聴いていて自分が苦しくなりませ

んか？」というものや、「人の話を聴いていてイライラしても、我慢しないといけないから大変でしょう？」といったような問いかけである。これらの問いかけに対して、筆者はNOと答えることが多い。なぜなら、心理臨床家としての筆者の体験を参考にすると、自分自身が苦しくなるという次元とは別のところで相手の話を聴いているように思われ、また話を聴いている際に自分自身に生じてくる感情は素直にそのまま体験しているように思われるためである。むしろ、相手が語ってくれる言葉だけでなく、そこに込められた感情や思い、醸し出す雰囲気、面接室の中に漂う二人の間の空気感などをすべて体験しながら聴いているために、共にその人のこころの世界を旅させていただいているような気持ちになることさえある。そして、実際、こちら側がさまざまなこころの動きを体験することが、心理臨床の展開において重要な理解をもたらす手がかりになると感じることも多いのである。上述の問いかけの答えとして、このような聴き手側の体験過程について説明をすると、心理臨床実践の中での聴き方は、普段の聴き方とは違うのだと驚かれることを多く経験してきた。

　こうした経験を通して、聴き手側のこころの動きに着目すると、一般的な話の聴き方とは異なる、専門家だからこそできる聴き方が捉えられるかもしれないと考えるようになった。いわば、心理臨床実践の「内側」から、専門性を検討してみようと考えたのである。これらの素朴な疑問をもったことから、筆者の研究がスタートしている。それでは、そのような聴き方を可能とする心理臨床家のこころの動きとはいったいどのようなものであり、そこにどのような専門性があるのだろうか。壮大なテーマではあるが、本書を通して、わずかばかりでもその謎を紐解いていけたら幸いである。

2. 聴き手のこころの動きに着目する──本書の構成

　上述したように、本書では、心理臨床の専門性を捉えるために、聴き手側のこころの動きに着目する。一般的な専門性研究と言えば、外面的に明らかとなる専門性を示したり、数量的に効果を明らかにしたりする方法で行われることが多い。心理臨床領域の国内外の効果研究やプロセス研究もそのような方法で盛んに

行われている。そのような中で、本書のような、専門家側のこころの動き、つまり専門家の内的体験過程から専門性を捉えていくという試みは独自的なものとなりえ、いわば、実践の内側からアプローチをしようという試みとなりうるだろう。それでは、なぜ、心理臨床実践の専門性を探求するためには、このような方法論をとることが必要だと筆者が考えるに至ったのか、そしてこの方法論でどのように研究を進めていこうと考えているのかということも含めて、以下に本書の構成を示したい。

　心理臨床実践における専門性については、これまでにもさまざまな議論が行われてきた。その議論の中では、上述のように、"聴く"ことなど誰にでもできるという誤解が生じやすく、専門性の理解されづらさが指摘されることもあった。このような理解されづらさがなぜ生じているかを明らかにするために、第1章ではまず、これまでにわが国で論じられてきた、心理臨床実践における専門性を整理することを通して、専門性のもつ"特殊性"を論じる。ここでは、心理臨床家が、実践での体験をもとに記した専門性に関する言及を検討し、心理臨床実践における専門性を帰納的に再定義していくことを試みる。そして、以降の章でその特殊性を踏まえて論じていくために、重要となる視点を示すことを目的とする。

　第1章の検討において、心理臨床実践における専門性の特殊性を捉えていくためには、心理臨床家の外面上の聴き方だけではなく、その背景にある心理臨床家のこころの動きについて考えていく必要があると示唆されたため、以降では、心理臨床の専門性の一つとして"聴き手のこころの動き"を取り上げる。これは体系化されていない概念であるため、まず第2章では、これまでに海外およびわが国で議論された、心理臨床の専門家のこころの動きにまつわる先行研究を概観する。その検討をもとに、本書で検討されるべき点を明らかにする。

　第2章の検討を踏まえて、続く第3章から第5章にかけては、調査研究から、悩みを聴いている際の聴き手のこころの動きの特徴を明らかにすることを試みる。まず第3章では、専門家(臨床心理士)と非専門家(大学生)の聴き手に対して、話し手の悩みを聴いてもらうことを目的に実施したロールプレイを数量的に分析することを通して、専門家と非専門家のそれぞれの聴き方の行動傾向の特徴を明らかにすることを試みる。

第4章では、第3章で扱った行動傾向の背景にある聴き手の内的体験過程を、インタビュー調査をもとに検討する。そこで、聴き手がどのように考え、感じながら話を聴いているかというプロセスを専門家と非専門家でそれぞれ描き出して比較し、専門家の聴き手のこころの動きを構成する要素を導き出す。

　続く第5章では、より力動的で臨床的な要素を含んだフェーズを検討するため、聴き手と話し手の関係性に着目する。まず分析1では、専門家が悩みを聴いている際に、聴き手が話し手との関係性をどのように体験しているかについて調査する。具体的には、投映法的に図を用いた調査から、非専門家の聴き手との比較を行い、心理療法における関係性のもち方の特徴を検討する。さらに、分析2では専門家の聴き手2名の語りを取り上げ、専門家の聴き手が体験したこころの動きのプロセスを具体的に考察する。

　続く第6章では、第3章から第5章までで示された専門家の聴き手のこころの動きの個別性と普遍性を検討するために、心理療法のプロセスを読んでいく際の心理臨床家のこころの動きを検討する。ここでは、担当セラピストとその他のコメンテーターが一つの臨床事例についてそれぞれ検討した公刊事例を素材とした分析を実施して、心理臨床家がどのようにして事例の流れを読んでいくのか、そしてその体験が専門家間でどの程度の個別性と普遍性をもつかについて検討する。

　最後に第7章では、ここまで検討してきた聴き手のこころの動きが、実際の心理臨床実践の中でいかに働いているかを検討する。ここでは、聴き手のこころの動きが、心理療法で生じるクライエントの変容とどのような関連をもつかについて、筆者が行った臨床事例を通して考察する。

　それらを踏まえて、終章では、本書全体を通して検討されてきたことについて、総合的に考察する。まず、本書で明らかにされたことを整理し、体系化されていない概念である、聴き手のこころの動きについて、本書を通して描き出された特徴を考察する。さらに、心理臨床の場で、自分自身のこころの動きを用いながら実践を行う、心理臨床家のあり方に視点を移し、このような特徴をもつ専門性について検討を行い、その本質を問い直す。そして最後に、今後の課題と展望を述べ、本書を締めくくる。

　なおここで、本書で用いる用語について説明を加えておきたい。心理臨床実践

においては、「心理療法」と「カウンセリング」、あるいは「セラピスト」と「カウンセラー」など、類似する意味をもつ名称が複数存在することもある。本来は、そのルーツによって指し示すものが若干異なるが、本書では、カウンセリングも含む心理臨床実践における専門的な相談体系のことを「心理療法」と統一している。また、そこで臨床実践を行う専門家のことを指す際には、「心理臨床家」「セラピスト」あるいは「心理療法における聴き手」という名称を用いている。特に、心理臨床実践全般を含む際には「心理臨床家」、心理療法について論じる際には「セラピスト」、調査場面などにおいては「心理療法における聴き手」を基本的には用いているが、文脈に合わせて適切な言葉を用いているため、混在しているところもある。またこれらは、心理臨床実践において、対象者の声に耳を傾けるという意味の「聴き手」という点では共通していると考え、本書においては厳密に意味を区別せずに使用している。ただし、インタビューの語りや文献の引用箇所においては、「カウンセリング」や「カウンセラー」という言葉が用いられることもある。

第1章
心理臨床の専門性がもつ特徴
心理臨床家の体験に基づく帰納的再定義

1. 心理臨床における専門性とは

　本書全体を通して、心理臨床の専門性の本質を問い直すという目的に到達するために、まずは、これまでになされてきた専門性についての言及を整理し、その性質を把握することを試みる。それは、以下に述べるような心理臨床という領域のもつ特殊性が、専門性自体の特殊性にも影響していると考えられるためである。

　そもそも"心理臨床"という言葉はわが国独特の用語である。この概念は、1982年の日本心理臨床学会成立に伴い生じたものであり、「悩みを抱えた人や苦しみのなかに生きる人にたいして、どのような心理的援助ができるのかという、きわめて実際的な要請から生まれたひとつの実践・研究領域」(皆藤, 2007, p.2) と定義されている。このように、実際的な要請から生まれた領域である心理臨床において、専門性はこれまでどのように定義されてきたのだろうか。外的な制度を参考にすると、1982年に日本心理臨床学会が成立し、1988年に日本臨床心理士資格認定協会、1989年に日本臨床心理士会が結成され、資格制度が整えられてきた。その質を裏づける意味での専門性が設定され、臨床心理士の資格審査規則の第四章には、臨床心理査定、臨床心理面接、臨床心理的地域援助、およびそれらの研究調査という4業務が挙げられている。さらに、1997年に学校臨床心理士、2015年に公認心理師の資格制度が整えられた。これらの動きによって、社会に向けて専門性を示し、非専門家にはなしえない専門家としての一定の質の担保が期待されるようになってきた。これらは、学会成立や資格化の動きに伴い、操作的に定義されてきた専門性であると考えられる。

しかしその一方で、わが国の心理臨床においては、別の角度からも専門性が議論されてきた。それは、「われわれは『こころ』という目に見えないものを相手にしていて、そうである以上、これとこれさえクリアすれば、その専門家になれるといった外的な基準は本来、存在しないはず」(田中, 2009, p.183) と言及されるような、操作的な定義とは異なる性質をもつものである。それは、たとえば、成瀬 (1983)、土居 (1991)、河合 (1992)、大塚 (2009) といった著名な心理臨床家たちもまた、実践の内側から抱いたそれぞれの専門性論を述べているように、個々の心理臨床家自身が内に抱く専門性と言うことができるだろう。

　このように、わが国の心理臨床における専門性をめぐる歴史に目を向けると、一方では資格や制度上の動きに伴って規定される専門性があり、もう一方では外的な基準では定義しえない個々のイメージとしての専門性があり、両者の間にはやや異なる方向性が見受けられてきた。そして、ここには一見すると矛盾する動きが生じている。その理由を探るために、ここで桑原 (2010) が述べる、心理臨床の専門性そのものがもつ特殊性を手がかりとしてみたい。桑原 (2010) は、「一般的には、『専門性』とは、独自性であり、『他』とは一線を画することにその特徴があるといえる」(p.40) のに対し、心理臨床における専門性は、「むしろ『他』とつながるものなのではないか」(p.41) と述べ、「心理臨床における『専門性』は、やや異なった特徴をもつもの」(p.41) であると考えている。つまり、心理臨床という領域がもつ専門性は、一般的に思い描かれる専門性とは異なる性質をもつと考えられ、その特殊性自体が心理臨床という領域の性質と深く関わっていると言えるのである。

　このように見ると、まず専門性自体を検討していくことは、心理臨床領域の性質を議論するうえでも重要な視点であると考えられる。特に本書において、これから論じていく心理臨床の専門性自体がもつ特殊な性質を明らかにしておくことは、本書全体の方向性を示すためにも意義があるだろう。しかし、これまでに心理臨床の専門性に関する検討自体を概観して整理し、考察を加えた研究は少ない。浅原ら (2016) でも、特に、個々の心理臨床家が内に抱く専門性に関しては、「これまで、研究によって議論、検討がなされたことはなく、一部の著名な心理臨床家の言説に触れることができるのみである」(p.378) と指摘されている。

そこで本章では、まずこれまでに心理臨床家たちが自分自身の臨床実践を踏まえて捉えている専門性に関する言及を概観して整理したうえで、心理臨床における専門性の特殊性について論じ、本書で扱う専門性の性質を示して、検討に必要な視点を導きだすことを目的とする。

2. 実践の内側から見る専門性の概観

前節で述べたような専門性自体の検討を進めていくために、本章では、心理臨床家たちが実践を通して内に抱いてきた専門性を手がかりにしていく。永井 (2008) が、「『わたし』という一人のセラピストが心理療法を実践するなかから、自らの体験を意識化し、整理していくことが、クライエントの理解を深め、さらには心理療法の専門性を高めることになっていくと思われる」(p.1) と述べているように、個々の心理臨床家の実践体験に基づく専門性イメージを帰納的に集約していくことで、心理臨床における専門性を把握し、再定義する試みが可能であると考えられる。

そこで筆者は、次のような方法で専門性に関する言及の整理を行った。ここでは、全体の流れに沿って、今回行った分類の手順を説明する。まず、わが国の心理臨床家が自分自身の臨床実践に基づいて、心理臨床の専門性に関して述べている文献を選定した[*1]。次に、その文献に目を通して、著者の体験に基づいて、心理臨床の専門性に関して言及をしている箇所を抜き出す作業を行った。そして、その言及が一定数集まったところで、その言及を一覧にして眺めた。その結果、"心理臨床実践とは、『何を』『どのように』しようと試みるのものか" に関して、専門性について述べる言及が非常に多くを占めていた。そこで、KJ法 (川喜田, 1967, 1970) を参考にして、類似するテーマをもつものをグループにする作業を試みた。その結果、"『どのように』しようと試みるのものか" は、さらに水準の違いによって三つに分類され、全部で四つのグループが構成された。そのグループとは、i. 目的に関する言及、ii. 技能に関する言及、iii. 態度や姿勢に関する言及、iv. 関係のあり方に関する言及であった。これら以外に新たな言及がみられないかをチェックするために、さらに別の20個の言及を集めて検討したところ、こ

れらの四つのグループに含まれない言及が出てこなかったため、理論的飽和に達したと考えられた。ゆえに、これらの四つのグループを、本章で取り上げる専門性に関する四つの視点と考えて、これ以降も言及を集めて検討を試みることとした。

　そこで、本章で取り上げる専門性に関する四つの視点について、ここで定義をしておきたい。四つの視点とは、i. 目的に関する言及、ii. 技能に関する言及、iii. 態度や姿勢に関する言及、iv. 関係のあり方に関する言及であり、ⅰは前述の『何を』の部分に、ⅱ～ⅳは前述の『どのように』の部分にあたると考えられた。一つ目の《目的に関する言及》とは、心理臨床の実践では何をしていると考えられるのか、という目的や最終的に到達しうる段階に関して述べることで、心理臨床実践の専門性について言及するものである。二つ目の《技能に関する言及》とは、専門家として提供しうる技術や求められる能力に関して述べることで、専門家のもちうる専門性について言及したものである。三つ目の《態度や姿勢に関する言及》は、技能の裏にある専門家のこころもちや信念に関して述べることで、専門

表1-1　専門性に関する言及の整理

視点	カテゴリ
ⅰ．目的に関する言及	【対象者・対象者を取り巻く環境の多面的理解】 【対象者・対象者を取り巻く環境の援助方針の明確化】 【症状・問題・適応の改善、主訴の解消】 【自己の変容】 【生きる過程に寄り添う】 【対象者の内外をつなぐ】
ⅱ．技能に関する言及	【傾聴】 【共感的理解】 【対象者・対象者を取り巻く環境の心理的視点からの見立て】 【対象者・対象者を取り巻く環境の心理的視点からの伝え返し】
ⅲ．態度や姿勢に関する言及	【対象者の尊重、信頼】 【こころの内側・根幹にふれる】 【全体への視点・全体的理解】 【専門家側のこころを働かせる】
ⅳ．関係のあり方に関する言及	【対象者・対象者を取り巻く環境との信頼関係の構築】 【主観的に関与する関係性】 【構造化された関係性】 【関係性が構築される空間や場の構造化】

家の態度や姿勢にみられる専門性を言及したものである。四つ目の《関係のあり方に関する言及》とは、技能や、態度や姿勢をも超えて、関係性に基づく動きを通して実践を行うという専門性のありようについて言及したものとなる。

　本章ではこれらを専門性を捉える際の視点と考え、以下に、順に視点ごとに論じていく。以下の検討では、視点ごとに集めた言及を一覧にして眺め、再度、KJ法を参考にして類似する意味をもつものでカテゴリを作成した。そのような帰納的な分類により生成されたカテゴリは【　】で示す(表1-1)。

(1) 目的に関する言及

　ここでは、心理臨床の実践では何をしようとしているのかという目的や最終的に到達しうる目標に関して述べることで、心理臨床実践の専門性について言及しているものを整理した。その結果、以下の六つの目的がみられた。

　まず、【対象者・対象者を取り巻く環境の多面的理解】と【対象者・対象者を取り巻く環境の援助方針の明確化】がみられた。たとえば、「クライエントの『こころ』の立体的な理解」(松本・黒崎, 2014, p.173)をすることや、「各疾患者がその中のどの程度の位置にあるか (病態水準)、また、どのような人格形成の偏りをもつか、あるいはどのような能力や資質を保っているか、などを明らかにして、治療法や予後予測に寄与する」(馬場, 1985, pp.172-182) ことが臨床実践の目的として言及されていた。これは心理査定の文脈では主な目的となりえ、心理療法や地域援助の中ではより具体的な目的に先駆けて抱かれる目的の一つと考えられる。

　また、心理臨床実践は「最終的に個人の悩みや問題を解決することを目的として」(本明, 1980, p.4) いるという言及や、「心理療法は心理的問題の克服を援助する方法」(倉光, 2003, p.3) という言及のように、【症状・問題・適応の改善、主訴の解消】を臨床実践の目的とする考え方もみられた。このような考え方は、専門家が対象者に何かを施して"治す"という従来の専門性イメージになじみやすい考え方でもあると言えるだろう。

　あるいは、馬場 (1999) が「その人の身についているパーソナリティ要因と言えるようなものに、何らかの変化を起こさせるというのが、共通した心理療法の目標ということになります」(p.7) と述べるように、特に心理療法実践において【自

己の変容】を目的とする言及が多かった。他にも「患者の側の人格の変容と成熟とが起こること」（山中, 2002, p.14）、「発話者としての〈私〉の生成の場」（伊藤, 2001, p.8）などもみられる。さらに心理査定の文脈からも、「検査結果を通してクライエントとともに新しい自己理解を創造していくことを目指したい」（松本・黒崎, 2014, p.168）と言及されるなど、自分をつくり育んでいくことから自己理解を進めていくことまで、多次元にわたって、それまでの〈わたし〉とは異なる〈わたし〉へと変容することを目的とする考え方があると言うことができる。

　また、【生きる過程に寄り添う】ことを目的として、「生きることの意味の探求」（一丸, 2003, p.102）を試みたり、「心の問題が発生することを予防する対策」（山本, 2000, p.40）や「予防のための専門的知見を、地域社会の人々にわかりやすく伝達する仕事」（山本, 2000, p.41）を専門家の役割としたりするように、"治す""変容する"という文脈以外にも広がりをみせている。これは、心理的次元でよりよく生きることを臨床実践の目的とすることとも考えられる。

　最後に、【対象者の内外をつなぐ】ことを目的として指摘する言及もみられた。たとえば、黒木（1998）は、「悩みや苦しみにぶつかると、『自分と自分』『自分と家族』『自分と他者』『自分と社会』『自分と自然』とのつながりが切れていく」（p.291）として、「切れた世界から、再びつながった世界に戻るプロセスで自己変容が起こる」（p.291）と述べる。村瀬（1990）は、「つなぐこと」や「橋渡し」を、田嶌（2003）は「人が内的環境や外的環境とじょうずにつきあっていけるようになるのを援助すること」（p.250）を心理臨床実践の目的に置いている。さらに地域援助の視点からも「他の専門家・専門機関との連携、紹介のしかた、学校教師へのコンサルテーション的働きかけ、地域社会の人々との間での社会的支援のネットワークづくり等、さまざまな働きかけが、心理臨床の専門性」（山本, 2000, p.37）であることを述べ、対象者の内側、外側をも含め、さまざまなことをつないでいくことを目的としている。

　ここまで整理してきたことを概観してみると、主に二つの特徴があると言えるのではないだろうか。一つは、目的自体に幅があることが挙げられるだろう。一般的に、専門職とは、独自性のある一つの目的を追求していくイメージがもたれやすいが、心理臨床の領域では目的自体に多義性があり、包括的なイメージがな

じみやすいと考えられる。今回の整理でも、方向性の異なる複数の目的が併存する形となった。その背景には、河合 (1995) や田嶌 (2003) が指摘するように、対象者の広さがあると考えられる。症状を抱えた人々や反社会的な行動をする人々から、何らかの不調や悩みを抱えた人々、さらには、成熟していく過程で自分の進むべき道を模索していく人々まで、ひいては個人だけではなく、個人を取り巻く環境をも含めた、あらゆる人々が心理臨床実践の対象者となりうるため、その目的となる事柄もさまざまになると言える。また、心理査定から心理療法、地域援助まで実践自体の幅も広いため、心理査定の毛色が強いものから、予防的なものまで幅広い事象が目的とされうる。また、今回の整理を通して、もう一つの特徴として考えられるのは、これらの目的の最終的な地点が、個人によって異なるということである。たとえ自己の変容という同じ目的の場合でも、最終的な結果は人それぞれであり、個別性があると想定される。このように、単一の専門領域で行われるものであるにもかかわらず、実践の目的が一つではなく、多様な目的を同時に包含し、それらが関連し合って成立しているところに、この領域の専門性が抱える特殊性が存在すると考えられるのではないだろうか。

(2) 技能に関する言及

　技能に関する言及には、専門家として提供しうる技術や求められる能力に関して述べることで、専門家のもちうる専門性について言及したものが含まれる。ここでは、技法と言われるようなものから、専門家としての知識に基づいた思考や技術に関するものまでみられた。

　まず専門性として挙げられる技能は、【傾聴】である。「クライエントが主体であり、クライエントが話したいことを、話したい順序で話すのであり、心理臨床家は、もっぱら、これを『聴く』のである」(山中, 2003, p.166) と指摘されるように、他にも川戸 (2007) や馬場 (1999) など数多くの言及がみられた。これは心理療法実践だけでなく、地域援助や心理査定の場面でも言及され (三船, 2000)、対象者となる相手の思いに耳を傾けることは、心理臨床家の技能の基本にあると考えられる。

　また、「クライエントの心情を共感的に理解することは、心理臨床過程において最も重視される」(青木, 1999, p.23) とされるように、【共感的理解】もまた、傾

聴と同様に、数多くの言及がみられた (馬場, 1999；菅, 2011；髙橋, 2014)。対象者を共感的に理解しようとすることは、実践において重要な技能として体験されていると考えられる。

続いて、【対象者・対象者を取り巻く環境の心理的視点からの見立て】の技術に関する言及が多数みられた。「治療者が物語の筋をある程度もつことが必要である。そのためにはクライエントが語ることに耳を傾けつつ、そこに物語を読みとろうとする努力をしなくてはならない」(河合, 1992, pp.196-197) という心理療法実践での言及や、「面接者は患者の身体的な症状の訴えを身体の問題としてだけではなく、同時に患者の心理・社会的な問題の反映としても読みとっていこうとする視点をもちつつ聞いていくことが必要」(佐々, 2000, p.132) という地域援助実践での言及、「何よりもまず心理士に求められるのは心理査定 (アセスメント) の技術です。これは、発達検査、知能検査、性格検査などを行ったり、観察や面接を通して子どもを総合的に把握することによって問題とされているものの性質や程度を明らかにして解決のための情報を提示するために行なわれます」(塩崎, 2000, p.138) という心理査定からの言及などがみられた。さらに個人だけでなく、個人を取り巻く環境に対する見立てについての言及もみられ (山本, 2000)、心理臨床実践で専門的な技術として体験されていると想定される。このように、対象者の話を傾聴しながら、一方では病態水準を見極め、対象者や環境のもつ問題や心理的なテーマを理解して、一定の方向性や見通しなどを考え、筋を読みとっていくと指摘される (亀口, 2003；松本, 2007；横山, 1998；武野, 1998など) ようなこの技能に関する専門性は広く認識されていると考えられる。

そして、【対象者・対象者を取り巻く環境の心理的視点からの伝え返し】の技能にも言及がみられた。たとえば、「私がクライエントに何かを指摘し、それによってクライエントがそれまで不明瞭であった自分自身をしっかりと理解することを見てきた。…(略)…指摘することによってクライエントは、劇的な改善ではなく紆余曲折を経ながら一歩一歩自己理解を深めていく」(一丸, 2003, p.101) や、「大切なことは、外的事実を聞いていて治療者の心に浮かんだことを、生のままの形で表現するのではなく、内的世界の表現とも、外的事象の描写ともとれる両者の間の中間的な表現を見出してゆくこと」(河合, 1967, p.136)、「子どもたちのこ

こころの叫びを臨床心理学の実践家として翻訳する」(三船, 2000, p.169) などの言及がみられた。心理療法でのクライエントに対する言葉がけ、あるいは検査のフィードバックとしての伝え返し、さらには専門家に対するコンサルテーションとしての説明など、伝え返すあり方には次元の違いがみられたが、心理的視点から対象者に何らかのフィードバックをすることは専門的な技能であると想定できるだろう。

　ここまでの整理によると、技能といわれるものの中にも複数の次元がみられ、さらに専門家の中にもそのあり方には違いがあるように見受けられる。まず、聴くこと、共感的に理解することに関しては、ここでの整理においても、技能としての言及が数多くみられたが、これらの行為は一見すると日常の中でも行われている行為であると考えられやすい。ごくありふれた行為として理解されやすいが、そこに高度な専門性をもっているという点に、心理臨床実践の特殊性があると考えられるだろう。そのような意味から、次章以降で、非専門家による行為と専門家による行為との間の相違点を明らかにしておくことは、心理臨床実践の本質を理解するうえでも必要であると言える。一方、心理的視点からの見立てや伝え返しという専門家としての知識に基づいた思考や技術に関しては、非専門家にはみられないような特異的な技能であると考えられ、他領域とは一線を画すような独自性をもっていると考えられる。一見すると非専門家にも簡単にできそうな性質の技能から、他領域とは一線を画すような性質の技能までを一つの専門領域の中に含んでいることが特殊性であると言えるのではないだろうか。

(3) 態度や姿勢に関する言及

　ここでは、技能の裏にある専門家のこころもちや信念に関して述べることで、専門家の態度や姿勢にみられる専門性に言及したものが含まれる。今回の整理においては、心理療法、心理査定、地域援助といった実践内容における違いはみられなかったことから、今回ここに挙げたものは、どのような臨床実践を行うにも共通している態度や姿勢ではないかと考えられる。

　まず、【対象者の尊重、信頼】という態度がある。たとえば、「基本姿勢は、クライエントの成長・実現傾向を尊重していくことにつきます。それはクライエン

トの潜在的な能力、自己実現をする力を信頼することであり、クライエントが目前にいることを受け止め、カウンセラーはその側にいて尊重している、あるいは側で見守ることが主たる仕事といえます」(林，2002, p.194) という言及にみられる。このように、個人および環境も含む、目の前の対象者を尊重し、可能性を信頼するという姿勢を専門性とする言及は多くみられ (諸富，2003；緒賀，2003；河合，1992；髙橋，2014など)、専門家の態度や姿勢の根幹にあるものと考えられる。

　また、「心理臨床の専門的独自性は、クライエントの心の内面の問題を共に見つめ、心の成長・成熟を援助するところにあります」(山本，2000, p.37) や「ときに形にはなりえないほんの微細な兆候から、ときに『一見する』のをやめてこころの目で、眼前にある事象の内側を見通さなければならない。それが『こころの専門家』の専門性である」(田中，2009, p.194) と指摘されるように、【こころの内側・根幹にふれる】という姿勢への言及もみられた。他にも対象者のこころの内側に目を向ける姿勢に専門性を見出す言及があった (山中，2003；緒賀，2003など)。

　さらに、【全体への視点・全体的理解】の姿勢にも、多数の言及がみられた。「疾患特異的な特徴をふまえた上で、その臨床像や病態像を把握する視点と、パーソナリティ理解として個人の全体を理解する視点が必要であり、このいずれかの視点だけではなく、双方の視点をもっておくこと」(富田ら，2014, p.78) や「たとえそのように診断できる証拠 (エビデンス) がかなりそろっていても、それだけが問題と限定して考えない。問題はいつももっと大きな所へ開かれている。そのうえで、その症状を出発点として、あるいは契機として、その人自身が進む道を見るようこころがける」(川戸，2003, p.118) など全体を見ようと心がける姿勢についての言及が心理療法でも心理査定でもみられ (藤山，2015など)、さらには個人を取り巻く環境全体にも目を向けるという意味で地域援助の実践でも重視されていた (山本，2000)。このように専門性の一つとして、常に広い視野をもって、対象者の全体的なありようや対象者を取り巻く全体像を見ようとする姿勢があると考えられる。

　それから、聴き手のこころを使い、聴き手が感じたり考えたりする感覚を大切にするという【専門家側のこころを働かせる】ことに関する言及も複数みられた。たとえば、心理査定時に、心理臨床家の側に残る「感じ」は「クライエントの病理についての重要な情報に関わっており、臨床判断をするためのヒントを与えて

くれ」(赤塚, 1996, p.293) るとの言及や、「専門家として、学校という現実とのかかわりの中で、カウンセリングを行っていくSCの責務として、最も重要でかつ専門性を問われるのは、自らのこころへの気づきをおいてほかにはない」(三船, 2000, p.170) という言及などがみられた。心理臨床実践を行う専門家として、自分自身のこころの動きに開かれることへの言及が多数あった (松木, 2007; 河合, 1992; 藤山, 2015; 緒賀, 2003など)。

　ここまでに整理された態度や姿勢に関する専門性は、たとえば、相手を尊重するとか全体に目を向けるといった表現のように、一見すると簡単そうに思われがちだが、頭での理解だけではなく、実感を伴って理解したうえで実践しようと思うと非常に難しい性質のものであると考えられる。そのため、実際にこれらがどのように実践されているか、そこに葛藤はないのか、そしてこれらが対象者にどのように体験されているかという視点をもって、次章以降でさらなる検討を加えることが必要であると思われる。また、このような態度や姿勢、信念にあたる部分は、専門性とは、専門職の基盤となる「理論的知識にもとづいた技術」(天野, 1972, p.46) であるという従来の専門性イメージにはそぐわない性質をもつものであると考えられる。これまでの専門性イメージの中心には知識や技術が存在し、ここで挙げられてきたような態度や姿勢が占める位置は小さかったと想定できる。しかし、本項の結果に加え、浅原ら (2016) でも、こうした「臨床実践に臨む姿勢」(p.377) を「専門性の中核的特徴」(p.377) としていることからも、知識や技術として"何を行うか"だけではなく、"どのような態度や姿勢で行うか"を重視する点に、心理臨床の専門性の特殊性があると考えられる。

(4) 関係のあり方に関する言及

　ここでは、技能でも、態度や姿勢でもなく、関係性に基づく動きを通して実践を行うという専門性のありようについて言及したものが含まれる。

　まず、堀越 (2013) が「クライエントは概して深く傷ついていたり、人間不信に陥っていたりしており、心理療法の初期段階では、特に安全な関係づくりが必要となる」(p.767) と述べ、「治療関係の入り口とも言えるラポート」(p.767) について論じているように、【対象者・対象者を取り巻く環境との信頼関係の構築】に関

する言及がみられた。心理検査の際にも、検査導入時に「やりとりをすることで、それ自体がクライエントのあり方を浮かび上がらせるアセスメントの一部にもなるし、また、話してもらうことで過剰な不安や抵抗を和らげる効果も期待され、ラポールの形成にも役立つ」(松本・黒崎, 2014, pp.157-158)とされている。クライエントだけでなく「紹介先とも十分な協力関係が築けるように努力していかねばなりません」(三船, 2000, p.168)とも述べられ、臨床実践のベースには必須となる専門性であると言えるだろう。

また、実践の中での実感として、「むしろ実際は、私はクライエントに巻き込まれ、クライエントも私に巻き込まれて渾然一体となった混沌にいる自分を見出すのが常だった。そしてこのような関係をどうにか生き抜き、そこに意味のある関係をどのように創造していくかが課題となり、そうすることでクライエントに進歩が見られるようになった」(一丸, 2003, p.100)や「その人らしさを追求し、理解していくためには、主観的印象も一つの要素として大事に位置づけながら」(森田, 2007, pp.291-292)心理査定の結果をみていくことが求められるなどのように、心理臨床家が【主観的に関与する関係性】についての言及がみられた。心理臨床家が自らの主観を働かせながら対象者と向かい合い、関わり合っていくこと自体に専門性を見出していると考えられる記述は多かった(馬場, 1999；永井, 2008；氏原, 1995など)。このように、専門家の主観的な感覚や印象、体験をも活用しながら、対象者に関わっていくことは特徴的と言えるだろう。

その一方で、「心理療法とは一言で言えば、人間関係を方法的に構造化することを通じて、停滞している心の機能に動きと成長を与える試み」(中本, 1986, p.iv)であるという言及のように、【構造化された関係性】を築き、その中でこころの動きを検討しようとする考え方もみられた。コンサルテーションでも、「初めに問題意識をもった研修医がフォーマルな場を設定し、構造化を進めたおかげで、彼の退職後も長く続けることができた」(p.29)実践例を挙げて、「フォーマルな場を設定し、そこで必要なことを伝えるようにすること」(p.29)の重要性が述べられている(成田, 2000)。日常的な関係のもち方とは異なる「『中立性』『受身性』『隠れ身』『禁欲』『分別』」(松木, 2007, p.598)を有した心理臨床家が創り出す関係性自体にも専門性があると考えられる。

さらには、【関係性が構築される空間や場の構造化】に専門性を求める見方もある。神田橋 (1990) は、共通する援助機能の核にあるものは「雰囲気」(p.52) であると指摘している。それこそが関係性を規定し、クライエントの自己治癒的な方向での変化をもたらすとして、河合 (2013) や横山 (1998) もまた、面接構造が生み出す空間や場などに専門性を見ている。学校臨床現場での専門性についても、「学校という日常空間の中に開いた非日常空間をマネジメントしていくこと」(三船, 2000, p.164) が挙げられ、そのためには「両者を峻別し、厳格な枠設定ができる力がSCに問われます」(三船, 2000, p.169) と言及されている。心理療法や心理査定だけでなく、厳密な枠の弱い地域援助実践の文脈でも、対象者と心理臨床家の関係性が生じる空間や場自体を創り出すことに専門性があると考えられている。

　このように、今回整理したものを見てみると、対象者と心理臨床家の関係性を創りだす場や、関係性のあり方を構造化すること、加えて、その構造化された中でぎりぎりのところで身を挺していく心理臨床家のありよう自体が、対象者や環境が変容する一助となる専門性として機能するのではないかと考えられる。そもそも従来の専門家イメージとは、「専門分野の体系化された標準知識や原理をまず学び、これを現場の問題に合理的かつ妥当性をもって適用し、そうした経験を反復していくことで熟達していく」(藤沼, 2010, p.215) 存在であり、対象者との"関係性"がクローズアップされることは少なかったと考えられる。それに反して、心理臨床実践では、対象者との関係性のありようが専門性の一つとして実感され、どの実践領域においても重視されているという特徴があると考えられる。ここにも、心理臨床の専門性のもつ特殊性があると言えるだろう。

3. 心理臨床の専門性の特殊性

　前節で整理された概観をもとに検討した結果、心理臨床における専門性の特殊性が浮き彫りになってきたと言える。まず、全体を通してみられた最も大きな特殊性は、今回四視点からの整理が行われたように、専門性の中に複数の水準が含まれていたことである。前述した天野 (1972) や藤沼 (2010) を見ると、専門性の概念とは、主にi. 目的とii. 技能を指すことが一般的であると思われるが、心理臨

床領域においては、iii. 態度・姿勢やiv. 関係のあり方などもまた同程度の重要性をもった専門性であると考えられた。つまり、専門的な知識や技術を追求していくことと同時に、専門家自身の態度や関係性のありようなどもまた、専門性を構成していると示唆されたのである。この点は、心理臨床の専門性が抱えている特徴的な部分であると考えている。この特徴は、知識や技術を追求する一般的な専門性イメージにはそぐわないために、なかなか理解されがたい部分であるとも言える。そして、こうした特徴が、冒頭に述べた、心理臨床の専門性の理解されがたさの一因であるとも考えられる。

以下では、これらの特徴にも関連すると想定される特殊性を、ここまでの検討から考えられた三つの視点から論じ、一般的な専門性イメージといかに異なるかについて具体的に考察したい。

(1) 非日常性と日常性

本章で検討されてきたことによると、普段われわれが日常の関わりの中でも行うような行為の中に、専門性と呼ばれるものがあることが示された。それはたとえば、話を聴くことや共感的に理解しようとすることなどの行為であり、一見すると誰にでも行える、日常的な関わりの中にもあるような行為である。桑原(2010)が、「二人がただ話をしたり、聞いたりしているだけ」(p.6) に見えるため、心理療法で起こっていることを外から理解するのが難しいと述べるように、この領域の専門性は、ごく日常的なやりとりをしているだけのように見えることも含まれていることが示唆されたのである。しかしその一方で、心理的視点からの見立てや伝え返し、さらには構造化された関係性や場の設定などのような、非日常的な要素も同時に含まれていることが示された。これは、河合(1992)が、「治療者とクライエントの会話は、ただ単に『会話』しているように見えるが、…(略)…普通の会話と微妙に異なってくる」(p.23)と述べるように、普遍的で日常的な関わりの中で、実は高度な専門性を発揮していることを示しているのだと言える。誰もが行えることを専門的に行うことは実は難しいのである。そしてこの特徴自体が、非常に特殊な性質であると考えられる。

しかし、この特徴をもつがゆえに、専門性が理解されづらいことにもなりうる。

たとえば、「心理臨床の実践でなくとも、誰かに悩みを打ち明けられたり相談をもちかけられたりすることがあります。…(略)…このような場合と心理臨床の実践の場合とでは、どのような違いがあるのでしょうか」(皆藤, 2007, p.17)と言われるように、非専門家の行為との違いはどこにあるのかという疑問がおのずと湧いてくるものである。したがって、専門性を保つためにも、専門家と非専門家との間の、共通性と相違性について明らかにしておくことが必要であり、心理臨床家自身がそれらを意識しておくことも求められると言える。日常の行為の中に専門性が存在するがゆえに、その独自性がわかりにくくなりがちであるが、日常と非日常の間にあるものを丁寧に検討することで、心理臨床の専門性を明確に示すことになると考えられるのである。そのため、以降の章では、これらを検討していくことが必要である。

(2)個別性と共通性

またここまでの検討を通して、対象者によって目的も進む道もさまざまであること、心理臨床家側にもさまざまな違いがあること、そしてこの両者の間で生じることの一回一回が勝負となり、あらかじめ決まったセオリーはないことなどのように、個別性を重視する点もまた、この領域の専門性がもつ特殊性と考えられた。たとえば他の専門職である医師との比較をしてみると、医師は症例報告を通して同一疾患の患者に対する治療法を探るように、応用可能な方法や処置があったり、別の医師が代診を行うように、専門家ならば誰でもどの対象者に対しても同じ結果をもたらすことが期待されていたりする。しかし、心理臨床の世界ではこの専門家とこの対象者という個別性が専門性に入り込んでいるため、どの専門家でも一様に同じ結果をもたらすことはなく、対象者に合わせてそれぞれ異なった結果に至るのである。

このように、個別性が重視されやすいという点に心理臨床の専門性がもつ特殊性がある。しかしそうであるにもかかわらず、心理臨床領域という一つの専門領域として成り立つためには、個別性ばかりでなく、共通性や普遍性のあるものも同時に存在しているとも考えられる。個別性が重視されるからこそ、その中に含まれる共通性の部分を明らかにしておくことが求められるとも言えるため、以降

の章では専門家としての共通性を踏まえたうえで、個別性の検討を行っていく必要があると考えられる。

(3) 専門性と人間性

　さらに、ここまでの検討を通して、話を聴きながらこころを働かせたり、態度や姿勢などのこころもちを重視したり、関係性の中で巻き込まれたりするように、心理臨床家側が自分自身の体験やこころの動きに開かれて実践に活かすことが、心理臨床にみられる特殊性だと考えられた。河合（1975）が「技法の主体者が自分という人間をその技法のなかに入れ込んでゆくことこそ、カウンセリングの特徴と言えるのではないかと思われる」(p.14) と述べるように、専門家と対象とが切り離されているわけではなく、むしろその関係の中で両者のこころに生じる出来事を重視することが、専門性の一つと言えるのではないだろうか。このように、関係性の中で、人間だからこそ生じるこころの動きを専門的に用いていくことが、両者のこころの本質を捉えていくことになると想定される。まさに、「臨床心理士は『こころの専門家』と呼ばれていますが、これは同時に『人間関係の専門家』と言い換えてもよいのではないでしょうか。直接の人間関係を通じてではないとわからないし、伝わらないものとして、私はこころを捉えています」(藤原, 2006, p.108) という言葉がしっくりとくるのである。それゆえに、専門家側のこころの動きとしての内的体験の過程にも着目し、検討していくことが、専門性や本質を捉えていくうえで必要になってくると考えられる。

4. 導き出された視点——専門性の特殊性と心理臨床家のこころの動き

　本章では、実践の内側から、心理臨床家の実感を伴った専門性についての言及を概観してきた。ここでは、心理療法・心理査定・地域援助といった心理臨床の実践領域全般における言及を、帰納的に整理する方法をとったため、ここに抽出された結果は、各実践領域に通底する心理臨床の専門性のような部分であると考えられる。心理臨床の理論書や概説書を見ると、それぞれの実践領域ごとに、その目的や技能、姿勢などが異なる方向性で論じられている傾向が強いが、本章で

実践を通して心理臨床家が体験したことに基づいてなされた専門性についての言及を帰納的に収集する方法をとった結果、たとえ対象者が個人であっても個人を取り巻く人々であっても、心理療法をするのであっても心理査定をするのであっても、目の前の人と信頼関係を築き、心理的な視点から理解しようとし、関係性を基盤に実践を行っていくといった、専門性の核となる部分は共通していることが示唆されたと考えられる。

　さらにこれらを整理してみると、専門性という概念の中に、水準が異なるさまざまなありようが示されたと言える。それはたとえば、非日常性と日常性、個別性と共通性、専門性と人間性がどちらも含まれていたということである。つまり、心理臨床の専門性を考える際には、"専門家ならば誰でもできること"と"この専門家とこの対象者だからこそできること"が、あるいは"心理臨床の中でしか起きないこと"と"日常の中でも起きること"が、あるいは"いつでも生じうること"と"このときにしか生じえないこと"などが、両立して含まれていると考えられる。心理臨床一般においても、相反する特徴を包括的に含むという特殊性があるのと同様に、専門性の中にもこの特徴が見出せるのである。

　通常、専門性を論じる際には、その領域のもちうる高度な知識と技術を追求し、一つの方向性に収束していくイメージをもたれやすい。しかし、今回みられたような心理臨床における専門性を捉えるためには、一般的な専門性の概念だけでは難しいのではないだろうか。なぜなら、心理臨床における専門性は、一つの方向性に収束するのではなく、一見すると相反したり矛盾したりするような性質を複数抱えつつも一つの専門性として成立していると考えられるためである。それはたとえば、普遍的で日常的な行為の中に独自性を備えた専門性があったり、個別性が重視される中でも共通性がみられたり、専門的な知識や技術だけではない専門家側の人間的なこころの動きが必要とされたりするようなものである。ここに、心理臨床の専門性が抱えている特殊性を見ることができるだろう。本書全体で対象としていく専門性には、このような性質があるということを念頭に置いて、議論を進めていきたい。

　ところで、このような特殊性を抱えた専門性を検討していくにあたって、ここに一つの疑問が生じてくる。それは、一見すると相反したり矛盾したりするよう

な性質を複数抱えつつも、心理臨床の専門性として一つに成立できているのはなぜだろうかという疑問である。ともすれば、バラバラになってしまいそうな要素が、バランスをとりながら保たれているのは何が作用しているためなのであろうか。ここで筆者は、本章の結果の中で、他の専門性とは異なる結果が得られた、もう一つの部分に着目したいと思う。

　それは、専門家の態度や姿勢、関係性のもち方が、専門性の一つとして、知識や技術と同等に重視されていたという結果である。一般的な専門性が知識や技術のことを主に指すのに対して、心理臨床における専門性はやや異なる特徴をもっていたのであった。つまり、専門家の内的な体験も同程度に重視されていると考えられたのである。筆者は、この部分が重要な鍵を握っているのではないかと考えた。

　なぜなら、相反したり矛盾したりするような性質を、内に抱えて吟味したり味わったりしながら試行錯誤していく体験は、ここで挙げた専門性の態度や姿勢、関係性のもち方の中に表れてくると考えられたためである。言い換えれば、心理臨床家の内側に生じてくるさまざまな動きの中で、相反したり矛盾したりする要素をどうにか両立させようとしているのではないだろうか。そのように考えると、おのずと心理臨床家側のこころの動きとしての内的体験過程に目を向ける必要性が出てくるように思われる。そして、そのはざまにある、揺れや動きの部分を丁寧に検討することで、特殊な性質をもつ心理臨床の専門性をより深く、生き生きと捉えていくことができると考えられる。このような考察から、心理臨床家のこころの動きに、本質的な専門性を捉えていくための鍵があるのではないかと想定されたのである。

　そこで以降の章では、一般的な専門性の概念では捉えきれない特殊性をもつ、心理臨床の専門性を検討するために、心理臨床家のこころの動きを切り口として、聴き手側の内的な体験過程の性質と専門性との関連を考察していくことが必要であると考えられた。

注
* 1 具体的な手順は次のようである。CiNii Booksで、キーワードに「心理臨床」「心理療法」「心理査定」「心理アセスメント」「地域援助」「コンサルテーション」、資料種別を「図書・雑誌」、言語コードを「日本語」で検索した結果から、外国の文献を省いた。これらの文献の範囲から、タイトルおよび目次に目を通して、理論書や概説書ではなく、心理臨床家自身の実践の体験に基づいて専門性について述べた文献を選定し、その中から理論的飽和にいたるまで無作為に抽出していった。

第2章
専門性の一つとしての聴き手のこころの動き
先行研究の概観

1. 聴き手のこころの動きを探求する試み

　第1章では、個々の心理臨床家の実践での体験をもとに、帰納的に専門性を再定義する試みを行った。その結果、心理臨床の専門性が、従来の専門性イメージとは異なるような特殊性をもつことが明らかになった。このような専門性自体のもつ特殊性が心理臨床領域の理解されがたさを生み出していると言えるが、同時に、この特殊性自体を検討していくことは心理臨床領域の専門性を本質的に捉えていくことにもつながると考えられる。そこで、第2章以降では、このような特殊な専門性と関連すると想定された、心理臨床家のこころの動きに焦点を当てて議論を進めていきたい。

　本章の内容に入る前に、まず、筆者が担当したクライエントとの心理療法場面で生じてきた筆者のこころの動きを、振り返って記述することを試みる。ここでは、クライエントの主訴や個人的な情報は必要ではないと判断し、最小限にとどめている。

臨床素材──心理療法のある場面における筆者のこころの動き

　［クライエント：不安で何も手につかなくなり、眠れなかったという］心臓がどきどきして何も手につかなくなる感覚……あんな感じかな……と想像する。実際にどきどきする感覚がイメージされる。夜、クライエントはこんな感覚になって眠れなかったのだ……つらかっただろうな……〈つらかったね〉と思わずつぶやく。それにしても何がこんなに不安にさせているのだろうか、と考

えをめぐらせる。［クライエント：知らない人に監視されているのではないかという不安を語る］おや。クライエントの自我境界について考える。知らない人に監視されていると感じているとしたら、とても怖いだろうが……。妄想の可能性はどうだろう。もう少し話を聴いてみよう。［クライエント：自分でもそんなはずはないとわかってはいるが、誰かが笑っている様子を見ると、自分がみんなに笑われているように感じると語る］嘲笑されているイメージが自然と浮かんでくる。そのイメージを感じると、すごく嫌な気分になることがよくわかり、こんな感覚は確かに嫌だ……と思う。その一方で、クライエントは、世界と自分自身がつながりすぎていて、全部が自分自身への意味となって感じられるのだなと考えをめぐらせてもいる。しかし、クライエントは自分自身でもその違和感に気づいている可能性があるとすれば、妄想とまではいかないかと冷静に考えている筆者もいる。話を聴いていると漠然と真っ黒な不安感に包まれる感覚と焦燥感のようなものが感じられ、クライエントも今このような感覚の中で生きておられるのではないかと考えをめぐらせていた。

　心理療法の一場面における、筆者のこころの動きとしての内的な体験過程の一例を追想して記述することを試みた。短い時間に、非常にさまざまな感情が動き、イメージが賦活され、考えが生じている。言動の面では、「つらかったね」とつぶやき、あいづちを打ちながら、クライエントの話を聴き続けている場面であるが、筆者の内側にはさまざまな動きが起こっている。このような過程では、どのような現象が生じていると考えられるだろうか。そして、それは専門性とどのように関連しているのだろうか。
　本書では、本章以降において、聴き手側である心理臨床家のこころの動きを一つの切り口として位置づけ、専門性について論じていくことを試みると上述したが、そもそも、このこころの動きとは、何を意味するだろうか。心理臨床実践の過程において心理臨床家が内的に体験する事柄を指すと想定されるが、明確な定義が存在しない概念である。心理療法においては、聴き手のこころの動きとしての内的体験過程は、話し手のこころの動きよりも興味が向けられることが少ないと指摘がなされてきたこともあり（Szasz, 1956; Gunther, 1976）、これまでの研究では、

体系的に論じられることが少なかったと考えられる。しかし、心理療法における聴き手のこころの動きを構成する概念や、その周辺に位置づけられる概念などは複数存在すると考えられ、それらを手がかりにして議論を進めていくことはできるだろう。そこでまず本章では、心理療法における聴き手のこころの動きにまつわる概念を概観して整理し、本書全体を通して検討されるべき点を明確にすることを目的とする。

なお、本章から第7章にかけては、心理臨床の実践の一つであり、中心的な営みとされる(皆藤, 2007)、心理療法という営みを中心に取り上げて考察を加えていきたい。この方法論は、心理臨床実践の専門性を検討する本書の目的と矛盾することではないと考えられる。なぜなら第1章で、心理臨床実践の各領域に共通する専門性の核の存在が示唆された結果を踏まえると、各実践領域に通底する専門性を心理臨床実践の専門性の核として考えることができるためである。つまり最終的に、心理療法に関する検討を心理臨床実践一般の検討に戻して、そこに通底する専門性の議論として深めていくことが可能になると考えられるのである。そこで本章からは、心理臨床実践の一つである、心理療法という営みにおける聴き手にみられるこころの動きに焦点を当てることとする。

2. 聴き手のこころの動きとしての「逆転移」

まず、理論的な枠組みの中で、心理療法における聴き手のこころの動きがどのように理解されてきたかを検討する。聴き手のこころの動きとしての内的な体験過程については、明確な定義がなく体系化されていない概念であるため、まずここでは、関連すると思われる周辺領域の概念を取り上げて検討してみたい。聴き手側のこころの動きに関する議論として関連があると考えられるのが、「逆転移」の扱いだろう。

逆転移とは、もともと1910年の『精神分析療法の将来の見通し』の中で、フロイト(Freud, S.)が「患者の影響のせいで医者の無意識的な感じ方に生ずる」(Freud, 1910/2009, p.195)ものとして考え出した概念である。それ以降、精神分析学派ではさまざまな理論が展開されてきた。Freud (1910/2009)が「できれば、医者は自分

自身の内にあるこの逆転移に気づいてこれを制圧しなければならない」(pp.195-196)と述べて自己分析の必要性を説いているように、当初は、聴き手の内に沸き起こってくる無意識的な感情の扱いは、治療の妨げになるために克服するべきだという立場が示されていた。その後の精神分析学派の中では、松木 (2003) が示すように、Heimann (1950/2003) によって、「逆転移は治療者の病理にかぎられたものではなく、患者のパーソナリティの一部であり、ゆえに分析治療の道具である」(p.175) という画期的な認識がもたらされて以降、Reich (1951)、Money-Kyrle (1956) などによって論考が発表され、逆転移を治療的に有用な道具として捉えるようになったとされている。

　このように逆転移をめぐる理論をすべて網羅するためには膨大な紙面が必要となり、本書の目的である、聴き手のこころの動きを探求するためには妥当ではないと考えられる。そこで、ここでは主にユング (Jung, C. G.) の逆転移理論を取り上げて検討し、聴き手のこころの動きの検討に必要な要素を抽出したい。なぜなら、ユングは、フロイトが逆転移を克服すべきものとして扱っていた時代から、逆転移を臨床的に有意味な、治療者側のこころの動きとして考えていたとされるためである。Samuels (1985/1990) によれば、ユングは、すでに 1929 年の時点で逆転移を「非常に重要な情報収集器官」(p.328) と呼び、さらには「自分が影響されなければ影響を及ぼすことはできない。…(略)…患者は無意識的に (分析家に) 影響を与えている。…(略)…もっともよく知られたこの種の徴候の一つは、転移によって引き起こされる逆－転移である」(p.328) と述べていたという。このように最も早い段階から、聴き手側のこころの動きを、心理療法の過程で重要視していたことが見受けられるユングの逆転移理論からは、本書で扱っていく聴き手のこころの動きを検討するために、有益な視点を得られると考えたのである。

　ユングの考える逆転移について論じていくにあたり、心理療法自体に対する彼の考えを説明することから始めていきたい。そもそもユングは当時から独特の捉え方で心理療法をみていたと言える。彼は、「心理療法とは、初めのうち理解されていたような単純で一義的な方法ではなく、次第に明らかになってきたようにある意味では弁証法的な手続だ」(Jung, 1935/1989, p.3) と捉え、心理療法とは「すなわち二人の人間の間の対話、もしくは対決なのである」(Jung, 1935/1989, p.3) と述

べている。弁証法的な過程であることは彼の理論の中で、随所で強調されているが（たとえばJung, 1955/1995など）、どのようなことを指すのであろうか。弁証法とは、二つの対立する命題を止揚し統合していく過程を指す。これを心理療法におけるクライエントとセラピストとの関係で考えてみると、別々の異なる要素をもった二つの心的体系であるクライエントとセラピストが出会い、「対話」や「対決」を通して、共に変容に向かって進んでいく過程であると言えるだろう。これは、ユングが「初期の考え方、すなわち心理療法は誰かが所期の目的を達成するためにきまりきったやり方で用いることのできる方法であるという考え方とは似ても似つかぬものである」（Jung, 1935/1989, pp.3-4）と述べるように、セラピストが治療を施すことでクライエントが変容するという従来の心理療法のイメージからは色を異にしたものであった。むしろ、後の二者心理学や間主観的アプローチにも通ずるような、相互作用性を感じさせる。

　このようなユングの考え方の中で着目すべき点は、心理療法の過程を通して、クライエントだけが変容に向かっていくわけではなく、セラピスト自身もまた変容する可能性があるということである。二つの心的体系が弁証法的な方法で変容に向かっていくとすれば、クライエントの変容のためには、セラピスト側にも何らかの動きが生じると考えられるのだ。このことをユングは、「心的感染」や「神秘的融即」などという言葉で述べ、それが「——たとえ彼には余計なものに思われても——じつは彼の職業にとって運命的な付随現象であり、したがって彼の生の本能的な素質に関わるものである」（Jung, 1946/1994, p.18）と指摘している。つまり、本書で扱うことを試みている心理療法における聴き手（セラピスト）側のこころの動きについてユングが早い時期から関心をもっていたのは、弁証法的に変容が生じていくとされる心理療法過程においては、それが「運命的な付随現象」であり、欠かせない要素として位置づけられていたからだと考えられる。言い換えれば、当初のフロイトの考えのように、クライエント側のこころの動きだけを対象としていたのではなく、早い段階からユングは、セラピスト側のこころの動きや、クライエントとセラピスト両者のこころの動きをも対象として、心理療法過程を検討していくべきだと考えていたのではないかと読み取ることができるのである。

そして、「医師のこころ(ゼーレ)のあり方も転移によって変化する」(Jung, 1946/1994, p.27)と述べるように、ユングは、この過程で転移や逆転移の問題が生じてくると考えていた[*1]。ユングは、この転移と逆転移についての議論を、『転移の心理学』において『哲学者の薔薇園』の一連の絵の分析を通して行っている。林(1994)によれば、「この一〇枚の絵は、転移が進行していくプロセスを示しており、それは対立物の結合の成就に向かう過程である」(p.275)と解説され、まさに二人の人間の間で生じる、弁証法的な心理療法の過程を示していると言える。ゆえにユングの捉える転移や逆転移とは、クライエントやセラピストの各々の個人的な心的体系に基づいたものだけを指すのではなく、結合に向かう過程で互いの心的体系が交じり合って生成されるものをも指すと考えられる。言い換えれば、心理療法の場で生じるセラピストのこころの動きには、セラピストの個人的な体系に基づく性質のものだけではなく、クライエントの心的体系も交じり合い、両者の間で生じてくるものがあると考えていたと言えるだろう。この点は、ユング自身もまた、フロイトとの相違点として述べているところである。「フロイトの技法はこの転移をできる限り避けようとしており、それは人間的には十分理解できることであるが、…(略)…医師がある種の影響を及ぼすことは避けられず、また同様に、医師の神経の健康がある種の障害ないし損害を受けることも避けられない。彼は本当に心の底から患者の苦しみを『引き受け』それを患者と共にする」(Jung, 1946/1994, p.13)と述べている。ユングは、心理療法の過程において、セラピストのこころの内でうごめくさまざまなものについて、避けられるものではなく、クライエントの苦しみや感情、無意識を引き受け、共にするあり方を重視しようとしていたと考えられる。

このように、ユングの言及からみえるセラピストのこころの動きとは、クライエントのこころの動きを体験する中で、おのずと動いてくるようなものであると考えられ、そこには弁証法的な働きがあると言える。それゆえに、クライエントのこころが動くときにセラピストのこころもまた動くというような動きの中では、二つの心が交じり合うことが生じていると言えるのである。つまり、心理療法の場でのセラピストのこころの動きとは、セラピスト個人のこころの動きであるはずにもかかわらず、そこにはクライエントのこころや両者の間でうごめいて

いるものが反映されていると考えられるだろう。

　心理療法の場では、なにゆえこのような動きが展開されるのであろうか。ユングの捉えるように、心理療法が弁証法的な過程であると考えると、主体としてのセラピストが客体としてのクライエントに治療を施すという構図ではなく、クライエントとセラピストの間には主客を区別することのできない要素が含まれてくるという構図が想定できる。こうした場合には、まさに主客のない一つの状態が構成されるため、その一要素としてのセラピスト自身が体験することが欠かせないものとなる。加えて、その過程では、クライエントとセラピストの間には主客を区別することのできない状態になりうるために、セラピストのこころの動きが、セラピスト個人の意識的な心的体系に基づくものだけではなくなり、クライエントのこころの動きが無意識的に含まれたものが体験されることとなる。このようにして、セラピストのこころの動きに、クライエントのこころや両者の間でうごめいているものが反映されることになると考えられるのである。

　このように、ユングの述べる逆転移理論を参考にすると、セラピストが能動的であるか受動的であるか、あるいは意識的であるか無意識的であるかというセラピストの主体の動きも超えた、両者の関係の中から生じてくるものとして、聴き手のこころの動きを理解していくことが可能となってくるのではないだろうか。本書で扱う、聴き手のこころの動きには、前提としてこのような特徴があると筆者は考えている。

3. わが国の心理療法における聴き手のこころの動き

　前節では、心理療法における聴き手のこころの動きとして「逆転移」を例に挙げて、ユング理論を用いて本書で扱う心理療法における聴き手のこころの動きのポイントについて論じてきた。初期のころから、クライエントの変容には、セラピスト自身の変容が関わっていると考えていたユングの理論は、本書で扱っていこうとする考え方にも影響を与えていることを示してきた。このように、もちろん海外で展開されてきた理論や知識はわが国にも導入され、心理療法の実践の中で数多く用いられている。しかし、他者との関係性や距離感、表現の仕方や感じ

方などには、わが国特有の文化的な基盤もまた大きく反映されていると言えるため、クライエントの体験だけでなく、セラピストのこころの動きのありようにも特徴がみられる可能性がある。そこで本節では、わが国の心理療法におけるセラピストのこころの動きの特徴を検討してみたい。

前節で述べたように、ユングの逆転移理論における、聴き手のこころの動きのありようについては、わが国の心理療法においても説明可能な特徴であると考えられた。ただ、ユングは、心理療法の過程を「すなわち二人の人間の間の対話、もしくは対決なのである」(Jung, 1935/1989, p.3) と表現していたところをみると、ここにはやや文化的な違いが含まれていると考えられる。ここでの「対話」や「対決」にあたる言葉は、原著では「Zwiegespräch」と「Auseinandersetzung」であり、英語では「dialogue」と「discussion」という単語に訳されている。ユングがこの単語を選択したことは、クライエントとセラピストが互いの意見を議論し合うなかで、互いのこころが動き、変容が生じていくという想定で心理療法を捉えていたのだろうと想定される。ユング自身は、フロイトとの違いを述べていながらも、クライエントとセラピストが言葉での「議論」を通して心理療法を進めていくことをメインと考えていた点はフロイトと共通していると言える。しかし日本には、言語化を得意とする欧米の文化とは異なり、言語化になじまない自己表現を行いやすい特有の文化があると考えられる。それは心理療法においても同様で、たとえば、わが国のユング派心理療法に大きな影響をもたらした河合隼雄によれば、言葉に頼らない自己表現の文化になじんできたわが国では、箱庭療法や描画法、表現療法などの非言語的アプローチが普及しやすかったとされている。そして、そこでは「いわゆる『解釈』のようなものは全然与えず、作品が作られていくときの心の動きに、できるだけ従っていく」(pp.18-19) ようなセラピストのあり方が要とされているのである (河合, 1969)。ここには、わが国特有のこころの動きが影響していると考えられる。そのため、本書で扱っていくこころの動きを考える際に、日本的な文化を念頭に置きつつ考察していくこともまた、より実態に即した理解を得るためには求められることであるだろう。

それでは、心理臨床実践を念頭に置いたときに検討する必要のある、わが国特有のこころの動きとはいかなるものであろうか。河合隼雄が述べていたように、

わが国では言葉に頼らない自己表現の文化が続いてきたと言える。たとえば、俳句や茶道、華道などのわが国の伝統的な文化に目を向けてみると、そこでは言葉でのやりとりを交わすことではなく、二人の中間に置いた和歌やお茶、お花を共に眺めることで、気持ちを共有し味わう感覚に包まれるあり方に美が見出され、心地良いものとして脈々と続いてきたと考えられる。有名な逸話として、夏目漱石が、「I love you」を「私はあなたを愛しています」ではなく、「月が綺麗だなぁ」と訳したとされるエピソードが広く普及していることもまた、言語を通した直接的なやりとりではなく、二人の中間にあるものを共に眺めて、そこで展開されるこころの動きを通して間接的にやりとりをする文化になじみがあるのだと考えられる。これらは、単に文化の違いであると考えられ、どちらの方が優れているなどという善し悪しの問題ではない。ただ、河合隼雄が日本人に受け入れやすいものとして導入した箱庭療法は、まさしく、セラピストとクライエントの間に箱庭作品を置いてやりとりをする特徴をもっていると考えられ、人のこころが文化と密接に影響していることが見て取れる。そのため、本書で心理臨床実践におけるこころの動きを扱う際にも、文化的なあり方を踏まえたこころの動きは当然考慮すべき点であると考えられる。

　よって、ここでは、わが国の心理療法においてよく見られる非言語的なアプローチにおけるセラピストのありようを検討することを通して、聴き手のこころの動きを概観したいと考えている。非言語的アプローチとして、今回は箱庭療法や描画法、表現療法、遊戯療法などを取り上げて概観し、そこに見られた三つのこころの動きの特徴を検討し、その性質について考察していくこととする。ところで、今回は非言語的アプローチを用いた際に、セラピストに体験されるであろうこころの動きを検討するが、これは実際に箱庭や描画を施行するときだけにみられる体験ではなく、言語面接の過程であっても十分に通用する性質ではないだろうか。なぜなら、言語面接の過程でも、クライエントの言葉の表現を、セラピストとクライエントとの間に置かれたものとして捉えると、それらを共に眺めて検討する際には、上述したような非言語的アプローチから見る、聴き手のこころの動きに近いものがあると考えられるからである。このような意味で、わが国特有の聴き手のこころの動きの性質について考慮しておくことは、非言語的アプ

ローチに限らず、心理療法について広く考える際にも意味があると考えられる。

(1) 見守る

　まず、「見守る」という聴き手の体験を取り上げてみたい。というのも、わが国の心理療法場面で、よく用いられる箱庭療法や描画法などの非言語的なアプローチをとる場合に、「見守り手」としてのセラピストの存在が重視されているように、聴き手にとっては、なじみが深いこころの動きであると考えられるためである。

　「見守る」とは、『日本語大辞典』によれば「①じっと見る。注意深く見る。②気をつけて見る。③事の成り行きを見る」(p.2106)とされている。心理療法場面では、たとえば、皆藤 (2004) は、「見守り手であるわたしには、実は、作品を眺めながらときをともにする体験が途方もなくたいせつな営みであるとの、実践からもたらされた確信がある」(p.81) と述べているように、心理療法における非言語的なアプローチの過程で、特に「見守る」という体験が重要なものとして実感されていると考えられる。

　それでは、「見守る」ことは、どのような体験であり、どのようなこころの動きが展開されているのだろうか。皆藤 (1994) は、描画のプロセスを見守る体験について、「こちらも描き手の描画活動に合わせて心のなかで描きながら見守り、この両者の流れの協奏や交錯によるこちら側の心の動き (驚き、安堵、意外性の発見など) に開かれていることが大切である」(p.13) と述べている。また、風景構成法を創案した中井久夫は、「見守り手」について、「『次は何を描くかな』『これからどうなるかな』と自由連想的に想像力を遊ばせながら眺めているのが普通の態度である。わがことのように眺めるようになるから、一種の関与的観察となっている」(中井, 2009, p.154) と述べ、深くコミットをしつつ、共にその場にいて眺めているあり方を指摘している。箱庭療法について研究した中道 (2010) も、関与しながらの観察にふれながら、制作中の「見守り手」について述べている。

　ここまでを整理すると、心理療法における「見守る」という体験は、プロセス的な特徴をもっていると考えられないだろうか。たとえば、絵を描くプロセスや箱庭を作るプロセス、遊びや表現を生み出すプロセスなどにおいて、セラピストが「見守る」体験をすることが多いと想定されるが、そのプロセスにおいて、ク

ライエントの表現が"生成される過程"におけるセラピストの体験を追っていくうえで示唆的であると考えられる。今回の検討から考えられる「見守る」とは、能動的かつ主体的にセラピストとしての主体を関与させながら、まるでわがことのように体験しつつも、クライエントの表現を決して妨げないように関わるという体験として考えられる。まさに、能動的に関与しつつも、表現の動きを受動的に待ち受けるような、対立するものを仲介するようなこころの動きが生じていると言えよう。

このように、「見守る」とは、クライエントの表現が"生成される過程"において、自らの主体を深く関わらせつつも、表現を妨げるようなことはしないセラピストのこころの動きであると考えられる。

(2) 味わう

「見守る」に引き続いて、わが国の心理療法の特徴に伴う、聴き手の内的な体験過程の特徴には、「味わう」ことがあると考えられる。「味わう」とは、『日本語大辞典』によると、「①飲食物の味をみる。②よく感じ、よく考える。玩味する。鑑賞する。③経験する。体験する」(p.40) であるとされている。心理療法の場面では、箱庭療法を導入した河合隼雄による『箱庭療法入門』で「味わう」という言葉が登場している。河合 (1969) によれば、「セラピストは終始許容的な態度で、その作品のできあがっていくのをともに味わい楽しむような気持で、それに接していることが望ましい」(p.8) と、セラピストのあり方を述べている。さらに、セラピストがイメージを多義的に捉えることをせず、「断定的であるときは、可能性の芽を摘んでしまう」(p.18) ことになるがゆえ、「早急な『解釈』を下す」(p.18) ことの危険性について述べている。山中 (2011) は、「クライエントが置いたアイテムとアイテムの間にセラピストはイメージを膨らませながらついていくということが出てくる…(略)…河合先生はこれをじっくり味わうようにと述べておられました。この味わうとイメージを繋げていくとはほぼ同値ではないかと思います」(p.119) と述べて、「味わう」体験を説明している。

これらから考えると、「味わう」という体験は、クライエントの表現を前にした"瞬間"に生じてくる体験であると考えられる。そして、そこには、イメージ

の働きが関連しているようである。Jung (1921/1987) が、「イメージは心の全般的
状況を凝縮して表わすものであって、単に・あるいは主として・無意識内容だけ
を表わすものではない」(pp.447-448) と述べたように、イメージには要素と要素の
間をつないで、全般的状況として理解させるような働きがあると考えられる。上
述したように、「味わう」過程でも、クライエントの表現との間に橋をかけるよ
うに、イメージが生じてくると考えている。つまり、クライエントの表現に多義
的なイメージを膨らませようとすることで、あるいはおのずから膨らんでいくこ
とで、表現と表現の間や、意識と無意識の間、クライエントとセラピストとの間
をつなぐような働きが生じてくるのではないだろうか。こうして生じてきたイ
メージは、セラピストとクライエントという別主体の間をつなぐものであり、セ
ラピストがクライエントの表現を理解という糸でつなぐものでもあるかもしれな
い。さらに、「味わう」には、「①飲食物の味をみる」という意味も含まれることや、
フォーカシングの過程で用いられることが多いことから、その体験過程には身体
性も関わっているのではないだろうか。クライエントの表現を前にして生じてく
るイメージは、セラピストが意図して生成するものではなく、むしろ身体を通し
て体感されるという性質をもっているのかもしれない。このように、「味わう」
過程では、クライエントの表現と表現の隙間を、セラピストの内に生じてきたイ
メージがつないでいくような性質をもっていると想定される。

(3) 読む

　最後に、わが国の心理療法におけるセラピストの体験の特徴として「読む」こ
ともまた挙げられる。わが国の心理臨床において、初めて「見立て」という言葉
を用いて、クライエントの話を聴く過程でのセラピストの内的な作業の重要性を
指摘したのが、土居 (1969) である。彼は、ひたすらクライエントの語りを聴くだ
けではなく、その話を「あたかもストーリを読むごとく、聞かねばならぬ」(土居,
1977, p.44) と述べて、セラピスト自身の体験過程について指摘した。この指摘を
通して、わが国の心理療法においても、しばしば指摘されてきた傾聴という技術
の中に、内的なプロセスの重要性が付加されたとも考えられる。また、河合 (1992)
は、セラピストが物語の筋をある程度もつことが必要であり、そのためにはクラ

イエントが語ることに耳を傾けつつ、そこに「物語を読みとろうとする」(p.195)努力をしなくてはならないと指摘した。さらに、衣笠(1992)は、セラピストの中心的な作業を、クライエントの言語や行為に表現されたものから無意識の意味するものを「読み取って」(p.484)いくことと述べている。

　土居健郎を含めた三者には、心理療法における聴き手の「読む」体験についての指摘がみられる点で共通している。このような著名な心理臨床家による臨床的な指針に示されているように、「読む」という言葉を用いて、聴き手のこころの動きに言及する指摘は他にも数多くみられ、わが国特有の心理療法における聴き手のあり方である可能性がある。

　それでは、この「読む」という作業は、いかなる内的作業を指すのだろうか。『日本語大辞典』において「読む」とは、次のような意味があるとされている。「①文字や図・記号などを見て、そこに書かれていることの意味・内容をとる。②書かれた文字を声に出して言う。③外見から判断して予測する。見抜く。④数を数える。⑤碁・将棋で、先の先を考える。⑥講釈師が講じる。⑦経文を声に出して唱える。⑧漢字を訓んでいう」(p.2258)である。ここで心理臨床実践と関連すると思われる意味は、「③外見から判断して予測する。見抜く」と「①文字や図・記号などを見て、そこに書かれていることの意味・内容をとる」だろうか。これらの要素を組み合わせると、"表現として外側に現れているものから、その意味・内容を予測したり見抜いたりすること"と言えるだろう。このように考えると、わが国でたびたび見受けられてきた「読む」という内的作業を、"クライエントの表現として外側に現れているものから、セラピストがその意味・内容を予測したり見抜いたりすること"と捉えることが可能となる。これは、フロイトの言う解釈──「(患者の話すことに)耳を傾けながら、ご自身の専門知識によって心の中で予想したことを考え合わせながら行われる」(Freud, 1926/2010, p.150)──の作業に類似するものと考えられる。

　しかし、類似する内的作業を指しながら「解釈」という言葉を用いなかったことからは、わが国における「読む」あり方が、解釈が指し示すものとは異なるものを意味していると考えることができる。ここで、前述した「読む」のもつ辞書的意味に再度目を戻して、「⑤碁・将棋で、先の先を考える」という意味を取り

上げてみたい。これは、わが国特有の文化である碁や将棋の中に見られる、流れを読んで先を見通すという性質であると考えられる。河合 (1969) が、箱庭作品を理解する際に、「カルフの考えに捉われることなく」(p.41) と断ったうえで、「クライエントの表現の流れを把握しようと」(p.41) することを強調したように、流れを読もうとすることもまた特徴的なこころの動きであると考えることができるかもしれない。そして、流れを読んだうえで、中道 (2010) が述べるように、「クライエントの世界が今後どのように発展していくのかということまで思いを馳せること」(p.246) を行っているのではないだろうか。言い換えれば、クライエントの表現に隠された意味を読み取るだけではなく、全体的な状況を踏まえたうえで流れを読もうとして、そこに生じてくる展望性まで捉えていくこころの動きが、わが国の心理療法における聴き手の「読む」体験と言えるのではないだろうか。

これはまさに、物語を「読む」ということにも通ずると考えられる。河合隼雄が、「物語」を重視したように、わが国の心理療法では、特にユング派を中心として、物語性を重視している。表現や言葉をストーリーとして読んでいくことは、クライエントの物語の筋を追い、先を見通し、物語を読んでいくことでもあると考えられる。このように、上述した「味わう」という体験が、表現を前にした"瞬間"の内的体験過程であるとすれば、「読む」とはクライエントの表現の意味を、全体性を踏まえ流れの中で理解し、そこに生じてくる"展望性"を捉えていくような体験でもあると考えられる。

ここまでの検討で、心理療法における聴き手の内側には、表現が"生成される過程"の体験である「見守る」こと、表現を前にした"瞬間"の体験である「味わう」こと、それらの表現を流れに位置づけて"展望性"を捉えていく体験である「読む」ことといったこころの動きが生じていると考えられた。これらの「見守る」「味わう」「読む」というこころの動きは、心理療法の中の非言語的アプローチに基づいて抽出されたものであったが、こうして検討を加えてみると、これらの体験は、やはり言語面接においても、重要な聴き手のこころの動きとして理解することが可能ではないだろうか。特に、クライエントのもつ自己治癒力や自己実現に向かう力に焦点を当てていく立場の心理療法の過程にとっては、クライエントの表現が生成される過程での「見守る」体験、表現を前にした瞬間の「味わう」体験、そ

れらを流れに位置づけて展望性を捉えていく「読む」体験は、言語面接の過程にも通じる性質が存在していると考えられる。加えて、前節で検討したユング理論にもつながるような体験も複数の場面で見受けられた。このように、心理療法における聴き手のこころの動きには、体系化された定義はないものの、心理療法過程において広く通底する普遍的な性質のようなものが存在するとも考えられる。

4. 心理療法における聴き手のこころの動きを扱った研究

　ここまで、周辺領域における理論や概念から、心理療法における聴き手のこころの動きがもつ要素を検討してきたが、最後に、それらが研究の枠組みでどのように扱われてきたかに関して検討を行う。明確な定義が存在しない概念であるため、ここでも心理療法過程における聴き手の体験を扱ったものを取り上げて、整理していきたい。

　心理療法に関する実証的な研究は、心理療法にどの程度の効果があったかを調査する「効果研究」と、心理療法の過程で生じていることを調査する「プロセス研究」があるとされているが、聴き手であるセラピストの体験が扱われてきたのは、主に後者のプロセス研究の方である。プロセス研究の概観をしている研究（Goldfried et al., 1990; Hill & Corbett, 1993; Orilinsky et al., 2004）を整理した岩壁（2008）を参考にしつつ流れを追ってみると、セラピストの体験過程の扱われ方には次のような変遷がみられる。

　まず、心理療法の実証的研究の先駆けとなったのは、来談者中心療法の祖である、ロジャース（Rogers, C. R.）である。彼は面接の録音を試み、面接や体験を評定する尺度を生み出し、プロセスを量的に捉えようとしたとされる。これによって、心理療法の過程を量的に分析しようとする研究が盛んに行われるようになった。これにより実証的な研究が進んでいくことにはなったものの、当時は録音データから得られる言動面の要素が分析の中心になり、聴き手のこころの動きや体験過程は扱われなかったと考えられる。

　そして、次第に録音機器などの科学的な技術が進歩したことおよび、行動主義の心理学者たちの台頭によって、1960年代頃は観察可能な行動のみを扱うこと

が主流となり、クライエントやセラピストの内的な体験は依然として扱われることなく分析が行われていたとされる。その過程で、セラピストの体験の一つである、「共感的理解」などを測定する尺度が開発されることがあっても、こうした尺度の評定は心理療法の当事者であるクライエントやセラピストではなく、面接と関わりのない第三者が、録音されたデータを聞いて行っていたとされている。このように、外面的にみられる行動や態度などが客観的に評定をされることが続き、研究の面で、聴き手の体験を本質的に扱うことは長らくなされなかったと考えられる。

　認知心理学が台頭してきた時代的な動きも後押しして、1980年代後半頃になってようやく、そうした分析法が批判されるようになり、新たな研究が発展することになった。たとえば、Hill & O'Grady (1985) や Hill (1990) は、セラピストの「意図」に関する研究を行い、外面上に現れない聴き手の内的な動きを検討した。また、Elliott (1984, 1985) は、心理療法のプロセスを理解するためには、それを体験したセラピストとクライエントに話を聴くことが必要で、彼らが「大切だと思った重要な変化の出来事」を検討することから始めるべきだと考えた。また、Mahrer (1988) は、心理療法でセラピストが出会った「興味深い出来事ややりとり」に注目して、細やかに検討を加えていくべきだと指摘した。このように、これまで軽視されてきた、セラピストおよびクライエントの内的な体験にようやく焦点が当たるようになり、そうした聴き手のこころの動きがプロセス研究の枠組みで重視されるべき事柄になってきたと考えられる。さらに、1990年代から2000年代にかけて質的研究も増えはじめ、そうした内的な体験にまつわる事象をより詳細に検討することが可能となってきている。

　このように、心理療法のプロセス研究を概観すると、そもそも心理療法における聴き手の体験が長らく研究対象として扱われてこなかった事実を目の当たりにすることになる。この事実からは、心理療法のプロセス理解と当事者の内的な体験とが切り離されてきたことが示されたと言える。こころの変容のプロセスには、外側から捉えられる客観的な事実が重要であるとされ、当事者の内側から生じてくる主観的な体験は軽視されてきたと考えられる。さらに内容に目を向けると、ここで扱われるようになった心理療法における聴き手のこころの動きとは、

セラピストの「意図」や、セラピストが「大切だと思った重要な変化の出来事」、セラピストが感じた「興味深い出来事ややりとり」などであり、これらは、聴き手であるセラピストのもつ視点や思考様式を把握しようと試みるものであった。ゆえに、研究対象とされてきた心理療法における聴き手の体験とは、「意図」や「視点」、「思考」などのような、意識的な水準での体験が中心だったと考えられる。これはセラピストが自身の体験を"報告する"という方法上の限界によるとも言えるが、ここまで概観してきたように、意識的な体験だけでなく、心理療法の過程で、聴き手の内に無意識的に浮かび上がってくるような体験についての視点を研究の文脈にも導入していくことが求められるのではないだろうか。

5. 本書で検討されるべきこと

　本章を通して、ユングの逆転移理論に見られる聴き手のこころの動きの特徴や、わが国の文化的なありようを踏まえたうえでの聴き手のこころの動きの特徴、さらには、これまでのプロセス研究を概観することで得た研究対象としての聴き手のこころの動きの特徴という主に三つの方向から、これまで体系的には扱われてこなかった心理療法における聴き手のこころの動きについて考察してきた。最後に、これらの考察を踏まえたうえで、次章以降、本書で検討されるべき点を述べて締めくくりたい。

　まず、ユングの逆転移理論に見られる聴き手のこころの動きの特徴を検討したところ、本書の対象となる聴き手のこころの動きとは、単に聴き手側のこころだけを反映したものではなく、話し手であるクライエントのこころや、聴き手と話し手との間でうごめいている事象を反映したものとして捉えられるということが想定された。そのため、心理臨床実践を行ううえでは、これは、こころの理解において重要な手がかりとなり、専門性の一つとして位置づけられるのではないかと考えられる。また、その動きは、わが国特有の文化とも密接に絡んでいると想定された。本章での検討からは、特に非言語的な自己表現になじみのあるわれわれ日本人にとっての心理療法場面では、言葉でのやりとりと同様に、内的なこころの動きにおけるやりとりもまた重要視されやすい環境にあると考えられた。こ

こでは、クライエントの表現が生成する過程での「見守る」体験、表現を前にした瞬間の「味わう」体験、それらを流れに位置づけて展望性を捉えていく「読む」体験が生じているのではないかと考えられた。この検討によって、セラピストが表面上の言動としては単に話を聴いているだけに見える状態であっても、セラピストのこころの動きとしては、非常に複雑な体験が生じていると想定されたことになるだろう。

　本章で得られた、心理療法における聴き手のこころの動きに関するこれらの想定は、心理療法でいったい何が生じており、どこに専門性があるかを述べる際に、一つの重要な手がかりになる可能性がある。つまり、これは、心理療法をはじめとする心理臨床実践の専門性を、聴き手のこころの動きという「内側」からアプローチする試みになると言え、それは専門性の検討をより多角的で深いものにすると考えられるのである。しかし、そうであるにもかかわらず、現段階では、これらの内容は概観をもとに検討された想定に過ぎず、実際のありようについては、検討がなされていない状態にある。そのため、本書全体を通して、実際に心理療法における聴き手のこころの動きにどのようなことが生じており、それがどのように展開していくのかというメカニズムを少しでも明らかにすることが第一の目的となるであろう。そして最終的には、それらを通して、心理臨床実践の専門性について本書なりに考察していきたいと考えている。

　また、本章でプロセス研究の歴史を振り返る作業を通して、聴き手のこころの動きに焦点を当てた研究が、最近になってようやく始まったばかりであることが示唆されたと言える。特にわが国ではこうした研究はほとんどなされていない状態にある。わが国では、心理療法におけるクライエントとセラピストの二者の関係を重視し、その関係性の中でこそ、深いこころの作業が生じていると考えられてきたため、むしろこのような実験的あるいは調査的なアプローチはあまり好まれてこなかったと考えられる。筆者の臨床的な立場としても、クライエントとセラピストの二者の関係性の中で力動的に生じている深い層でのこころの作業を尊重することに異論はない。そのため、むしろその力動的な深みが零れ落ちないようにしつつ、実証的な方法でのアプローチを模索していくことが本書の目標であると考えている。このような意味でも、単に表層的な言動や数量的な効果などに

よる専門性研究に留まることなく、こころの動きという力動的な視点から、心理臨床実践の専門性を検討することを、本書の独自的なアプローチとして目標に掲げておきたい。

このため、本書では、次の二つの方法論をとってアプローチしていく。一つは、トップダウン的に聴き手のこころの動きを検討するのではなく、実際の体験に基づきながら、ボトムアップ的に構成要素を積み上げるという方法論である。むしろ、こころの動きのように力動的な要素は、ボトムアップ的に積み上げていく過程で全体像が浮かび上がってくるような性質のものであるため、この方法論をとることでしか、その全体を捉えることは不可能であろう。また二つ目は、こころの動きという内的な体験を扱うという性質上、やはり実際の体験の動きを捉えていく方法論が求められるということである。直接性を帯びた生の体験にふれていくためには、実際の体験に基づいた語りや素材を用いていくことが必須となると考えられる。そこでは、意識的な水準だけではなく、無意識的な領域から生じてくるような性質まで含んだ検討が求められ、方法上の工夫もなされるべきであろう。

これらを踏まえたうえで、次章からは、心理療法における聴き手のこころの動きを検討する作業に入っていく。非常に幅広くさまざまな次元で生じる体験が、心理療法の中で起こっていることが示唆されるため、そこに生じてくる深みが零れ落ちることのないように丁寧に検討を重ねていきたい。そして、本書全体での探求を進めていく中で浮かび上がってくるものを検討することで、心理療法における聴き手のこころの動きに迫っていくことが可能となると思われ、それが専門性の一側面を捉えることにつながると考えている。

注
* 1 『転移の心理学』を解説している林（1994）によると、「ユングは本文では逆転移という言葉を使わずに、転移も逆転移も同じ転移という言葉で論じているために、読むほうがよほどしっかり区別しないと、間違いが出てくるおそれがある」(p.274) としている。

第3章
専門家と非専門家の聴き方の違い
ロールプレイを用いた調査

1. 本章における問題と目的

(1) 聴き手のこころの動きを捉える研究

　第2章では、心理療法における聴き手のこころの動きとしての内的体験過程にまつわる概念や先行研究を概観し、本書で検討すべき点を示してきた。これらを踏まえつつ、本章以降で調査研究をしていくうえで、どのような方法が適切だろうか。ここまでの検討によれば、本書の目的を探求するためには、二つの方法論が適当であると導き出されている。一つは、ボトムアップ的に構成要素を積み上げるという方法論であり、もう一つは、実際の体験に基づいた語りや素材を用いて動きを捉えていく方法論である。

　このような方法論をとるためには、やはり生の体験と語りが生み出される実際の心理療法のプロセスを直接的に検討していくことが、最も望ましい方法であると考えられる。第2章に挙げたプロセス研究の中でも、実際の心理療法の過程を録音して分析をしたり、クライエントやセラピストに直接的に体験を語ってもらったりする方法をとる研究が見受けられていたのも事実である。しかし、実際の心理療法過程を調査対象として分析することは徐々に倫理的に望ましくないとされるようになり、その他の方法で研究を行うことが主流となってきている。このように、さまざまな調査方法の工夫がなされる過程で、実際の心理療法と近似した状況を調査場面として創り出すための一つの方法として、模擬面接を設定してロールプレイが行われている。たとえばわが国でも、長岡ら (2009, 2011) が、ロールプレイを用いた体系的な研究を実施し、心理療法における聴き手の発話形

式や行動側面、内観などを明らかにする試みを行っている。また、非専門家の悩みの聴き方を調査するために、原田(2003)が、ロールプレイに基づいて調査を行っている。これらは、調査状況ではあるものの、その場で話を聴く－聴かれるという体験が生じるために、体験に基づいた語りや素材として検討することが可能になると考えられ、本書で明らかにしたい聴き手のこころの動きについても、より実際の心理療法に近い性質の体験が検討できると想定される。

(2) 方法の検討

そこで、本調査では、人の話を聴くプロセスを実際に体験することを通して得られる素材を検討するために、相談場面のロールプレイを実施するという方法をとることとした。倫理的な配慮のために、調査者によって仮定された設定ではあったものの、実際の相談場面と近似した状況を調査対象者である聴き手に体験してもらうことを意図してこの方法を選択した。しかし、実際の心理療法場面は、よりクライエントの切迫性にふれ、生々しさを感じ、関係性も直接的なものとなるため、聴き手が体験するこころの動きはさらにリアリティを増したダイナミックなものとなると考えられる。調査場面という状況上、実際の心理療法場面ほどのダイナミックな動きはみられない可能性もあるが、それでも心理療法場面における体験と重なる部分もあるのではないかと考えている。ゆえに、今回の調査を通して得られた結果は、心理臨床家集団が保有する聴き方の一部を反映していると言える。

さらに今回の調査では、実際のロールプレイ場面自体の検討に加えて、事後的に聴き手のロールプレイ中の体験をインタビューした素材を検討することを試みた[*1]。調査場面ではあるが、実際に相談場面を体験した対象者の生の語りには、聴き手のこころの動きにまつわる性質が数多く含まれていると考えられる。このように、ロールプレイとインタビューを実施するという方法をとることで、聴き手の行動傾向と、それにまつわる内的体験過程が明らかにできるのではないかと想定される。

そして、これらのロールプレイとインタビューを、心理臨床家という専門家の聴き手集団と、臨床心理学を専攻しない大学生という非専門家の聴き手集団のど

ちらに対しても行うという方法をとることとした。なぜなら、専門家群と非専門家群の特徴を比較検討することで、非専門家群には保有されていない特徴を専門家の特徴として考えることができると考えたためである。このようにして、本章以降では専門性の探求を試みていく。

(3) 本章の目的
　本章から第5章にかけては、まず"専門家による心理療法場面"と"非専門家による悩み相談場面"という二つの場面を設定して話を聴くというロールプレイを実施し、続いてその体験について語るインタビューを実施する。本章では、それぞれの相談場面で見られた聴き手の行動傾向を明らかにして、比較検討を行うことを目的とする。

2. 方法

(1) 調査の枠組み
　本調査では、悩みの聴き手を調査対象者として、上述したように二つの調査を行っている。一つ目は、相手の悩みを聴くという設定のロールプレイによる調査である。二つ目は、ロールプレイ後に、ロールプレイの過程に関する聴き手の体験をインタビューする調査である。前者は聴き手の行動傾向を、後者は内的体験過程をそれぞれ検討することができると想定される。本節では両方の手続きをまとめて記述するが、結果と考察の記述に関しては、第3章ではロールプレイの調査、第4章および第5章ではインタビューの調査について記述していく。

(2) 調査実施の手続き[*2]
1) 想定する相談場面
　枠組みの異なる二種類の相談場面のロールプレイを実施した。第一の場面は臨床心理士の資格をもつ聴き手役 (以下、聴き手とする) がセラピストとして相談に応じる場面 (以下、専門家群とする) を、第二の場面は非専門家の大学生の聴き手役 (以下、聴き手とする) が友人として相談に応じる場面 (以下、非専門家群とする) を想定した。

悩みの聴き手は、それぞれ1回ずつどちらかの場面でロールプレイに参加し、悩みの話し手役（以下、話し手とする）は、話し手の要因を統制するために、それぞれの場面で1回ずつ計2回ロールプレイに参加するという形式で調査した。このようにして、心理療法場面と悩み相談場面のロールプレイをそれぞれ12組ずつ計24組実施した。

2）参加者
ⅰ 悩みの聴き手（調査対象者）

本調査の調査対象者は、悩みの聴き手として参加した、臨床心理士の資格保持者12名と臨床心理学を専攻していない大学生12名であった。両者ともX大学に所属する大学院生と大学生であり、授業前後の時間等で調査への協力の依頼用紙を配布し、協力の承諾を得て実施した。

対象者の概要は、以下の通りである。専門家群の聴き手である臨床心理士の資格保持者は、X大学に在籍する大学院生12名（男性4名、女性8名：平均33.5歳、SD=8.46）で、経験年数は資格取得後1年から25年で平均7.8年（SD=8.74）であり、力動的アプローチ（ユング派、精神分析学派、来談者中心療法など）を志向していた。これは河合（1970）によれば、クライエントのこころの底にある可能性に注目し、本人が主体的な努力によって自分の可能性を発展させていくのに寄り添う聴き方と言える。一方、非専門家群の聴き手である大学生は、臨床的に話を聴く知識や経験が入ることを避けるために、臨床心理学を専攻していないX大学の学生12名（男性3名、女性9名：平均20.8歳、SD=1.06）を対象とした。

ⅱ 悩みの話し手

本調査の調査協力者は、ロールプレイに参加した悩みの話し手12名であった。悩みの話し手として協力を依頼したのは、臨床心理学を学ぶ大学生12名（男性3名、女性9名：平均22歳、SD=1.10）であった。本調査では、話し手1名につき1回ずつ、専門家群の聴き手にも非専門家群の聴き手にも同じ悩みを相談した。

3）倫理面への配慮

次の三点で倫理面への配慮を行った。第一に、悩みを相談することに関する秘匿性や危険性を認識できる状態で調査を実施するために、臨床心理学を学ぶ者に話し手を依頼することとした。第二に、ロールプレイといえども、悩みを話すという状況による関係性上の影響を避けるため、また関係性の要因を統制するために、すべてのペアにおいて初対面の者同士でロールプレイを実施した。そのため、非専門家群では、設定上は友人同士の相談場面であったが、実際には初対面の参加者同士が友人役になりきってロールプレイを実施した。第三に、悩みを話すことで自分自身の悩みに直面させてしまう危険がないように、話し手には悩みをもつ役柄をあらかじめこちらが設定した。役柄の詳細は、アイデンティティ形成過程の青年期にある大学生のこころの動きと絡めた修学・進路面での悩みとし、両群に共通して話せるように作成した悩みを示し、それをもとに悩みをもつ人物になりきって話すこと、話しやすいように詳細は変えても構わないことを説明した。終了後には、作成した悩みであったことを聴き手にも伝え、両者に心理的負担がかからないように細心の配慮をした。

4）手続き

調査は、2012年8月から11月に、大学内の教室などの静かな場所で実施し、ロールプレイ、インタビューの順に行った。

まず、ロールプレイの概要である。話し手1名につき、聴き手である臨床心理士1名と大学生1名に対してそれぞれ相談場面のロールプレイを行った。話し手が相談する聴き手の順番は、カウンターバランスをとるために話し手間で調整した。心理的負担を考慮して、話し手は日を改めて両方のロールプレイに参加した。

想定する場面は、専門家群は「大学生が大学の学生相談の臨床心理士に相談を持ちかける場面[*3]」を、非専門家群は「大学生が同年代の同性の友人に相談を持ちかける場面」を設定した。聴き手と話し手の対応については同性になるよう配慮したが、専門家群では一部性別が不一致になった。だが、他のデータとの間に顕著な違いがみられなかったため、データとして採用した。

悩みの聴き手には、原田（2003）を参考に次のように教示した。専門家群には「大

学生が大学の学生相談のカウンセラーであるあなたのところへやってきたという面接場面を想定してください。あなたがクライエントから悩みを打ち明けられたときと同じような気持ちで、相手の悩みを聴いてください」と、非専門家群には「大学生の仲の良い友人があなたに悩みを相談している場面を想定してください。普段あなたが友達や家族から悩みを打ち明けられたときと同じような気持ちで、相手の悩みを聴いてください」と教示した。

一方、話し手には、役柄の設定や倫理的な配慮について説明する時間を事前に設けて準備をして臨んでもらい、心理療法場面では「聴き手がカウンセラーであると想定して悩みを相談してください」と、悩み相談場面では「聴き手が仲の良い友達であると想定して悩みを相談してください」と教示した。

加えて、聴き手と話し手の両者に向けて「話題が話し手の悩みからずれない限り、会話は自然の流れに任せて下さってかまいません」と教示した。

なお会話を行う時間は、実際の心理療法が1回50分間での実施が多いことを考慮し、両群とも50分間とした。しかし、普段の悩み相談では50分間も会話をすることが現実的ではないことも踏まえ、両群とも事前に「50分間の時間をとりますが、これ以上話せないとかもう十分だと思った場合には途中で終了しても構いません」と教示した。ロールプレイ中、調査者は両協力者の目にふれない位置で待機し、会話はICレコーダーで録音した。会話終了後、過度に心理状態に負担がかかっていないことを確認した。

3. 結果と考察——聴き手の行動傾向の様相

(1) 分析の手続き
1) 音声分析

ロールプレイの音声データ24個（専門家群12個、非専門家群12個）を分析対象とした。まず、個々のデータの会話の全体時間、会話中の沈黙時間、聴き手の発話時間、話し手の発話時間を波形編集ソフト（DigiOnSound5）を用いて、それぞれ10ミリ秒単位で計測した。会話中の沈黙時間は、無音状態が1秒以上続くときを対象にした。発話時間は、発話者の話し始めから終了までが1秒以上連続する発言を

対象とし、もう片方の発話者の発話中の短いあいづちはそのあとに発言が続く場合のみをその発話者の発話時間の中に含め、続かない場合は発話時間からは除いた。その後、個々の計測データを専門家群、非専門家群ごとに統合し、統計を用いた分析を行った。

2）発話内容分析

ロールプレイを文字に起こした逐語録のデータ24個（専門家群12個、非専門家群12個）の聴き手の発話部分を分析対象とした。分析単位は1文ごとに設定した。分類カテゴリの生成については、まず伊東（1957）の分類カテゴリを用い、両群の各3組ずつの分類を実施したところ、そのカテゴリだけでは分類できない発話が多数出てきたため、対人援助における聴くスキルを扱った文献（Brammer & MacDonald, 2003/2011）や会話分析の文献（筒井, 2012）をもとに、新たなカテゴリを作成し、既存のカテゴリとの対応づけを行った。さらに原田（2003）を参考にし、両群に共通して使用可能なカテゴリを作成した。その過程で心理学を学ぶ大学生3名と大学教員1名にチェックをしてもらい、不適切な箇所がないかを検討した。これらが完成したのち、心理学を学ぶ大学生1名に全データの25%を同様に分類してもらった結果、その一致率は91%であったため、この分類にはある程度の信頼性があると判断した（表3-1）。その後、個々のデータの分類結果の個数を群ごとに集計し、統計処理を行った。

(2) 結果

1) 音声分析

まず、各群の会話の全体時間、会話中の沈黙時間、聴き手の発話時間、話し手の発話時間の平均値を算出したところ、専門家群では、順に2859秒（$SD=256.2$）、770秒（$SD=382.0$）、763秒（$SD=319.4$）、1326秒（$SD=351.8$）であり、非専門家群では順に1684秒（$SD=932.9$）、255秒（$SD=290.7$）、685秒（$SD=327.9$）、744秒（$SD=466.1$）であった（図3-1）。会話の全体時間、会話中の沈黙時間、聴き手の発話時間、話し手の発話時間のそれぞれの平均値に、両群間で差があるかを検討するために、対応のあるt検定を行った。その結果、会話の全体時間、会話中の沈黙時間、話し手

表3-1　発話内容のカテゴリーと定義

番号	カテゴリー名	定義
1	簡単な受容	是認や批判を含まないあいづち。「そうですか」「うん」「なるほど」など。
2	保証	話し手の不安定感に対して、大丈夫だと認める発言。「万事うまくいきますよ」「なんとかなる」「大丈夫」「大したことないよ」「心配することないよ」など。
3	是認・同意	話し手の不安定感に対して、よいと認めて同意・賛成する発言。「その通りです」「わかる」「私もわかる」「そう思う」「確かに」など。
4	同意見提示	話し手の発言に対し、聴き手も同意見だということを示すために、できるだけ早く発話を始め、時にはオーバーラップをしたり、話し手の発言中にわずかに言葉をはさんだりして、同意見であることを積極的に表す発言。先取り、補足、関連する例示など。
5	自己開示・自己周辺開示	聴き手が自分自身の話をしたり、自分の周りの人の話をしたりする発言。
6	オープンクエスチョン	答えの幅が話し手にゆだねられている質問(5W1H)。
7	クローズドクエスチョン	答えがYesかNoにしぼられる質問。
8	内容の明瞭化	事実、出来事、状況など話し手の感情以外のことについて話し手が表現したメッセージを似たような、短い言葉で言い直す発言(反映、言い換え)。話し手の枠組みを維持。
9	解釈・意見	話し手に新たな思考の枠組みを提供することを目的として、聴き手が積極的に出来事の意味を説明したり意見したりする発言。原因・結果の関係を指摘したり、話し手の述べなかった感情についてふれたりする。聴き手の枠組みも使って発言。
10	助言	アドバイスや提案の意図がある発言。
11	否認・否定	話し手の感情を支持しない発言。批判する発言。
12	情報提供	情報を求める質問に対する答えや、一般的に承認されている事実、情報を知らせる発言。
13	感情の明瞭化	話し手が強く意図している本質的な感情をより鮮明な言葉で表現し、表現された不明確な感情を明確に認識させる発言。話し手の枠組みを維持。「こう感じているのですね」など。
14	くり返し	話し手の表現したことを解釈も是認もまとめることもせずに、ただ述べられたことをくり返すだけの発言。言葉遣いは必ずしも同じでなくてもよい。
15	会話の枠組みに関する発言	面接の開始、終了時の発言など。
16	独語的発言	言語形式上は話し手に応答を求める形式をとっていない発話。「〜かな」「〜だろう」など。
17	分類不能	途中で遮られたり聞きとれなかったりした発言や、他のカテゴリーのどれにも分類できない発言。

の発話時間の平均値に両群間でそれぞれ有意な差がみられた（順に $t(11)=4.23$、$t(11)=5.30$、$t(11)=4.05$、いずれも $p<.01$）。一方で、聴き手の発話時間の平均値には両群の間に有意な差がみられなかった（$t(11)=.53$, $n.s.$）。次に、各群の会話中の沈黙時間、聴き手の発話時間、話し手の発話時間のそれぞれの平均値が会話の全体時間に占める割合を算出したところ、専門家群では、順に27.2%、26.9%、46.8% であり、非専門家群では順に15.2%、40.6%、44.2%であった。

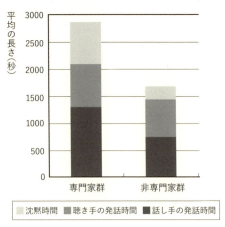

図3-1　両群の量的比較

これらの結果から、専門家群では面接全体の時間、話し手の発話時間、沈黙時間が長く、面接中に占める聴き手の発話の割合が少ないこと、非専門家群では相談全体の時間、沈黙時間が短く、話し手と聴き手が同程度の発話量であるということが示された。ここから、専門家群では、話し手－聴き手の役割が保たれていることや、どちらも話さない間が生じていることが示唆されたと言える。

2）発話内容分析

まず個々のデータの分類結果をもとに、専門家群、非専門家群ごとに、各カテゴリの平均回数の値を算出した。続いてカテゴリごとに、両群の平均回数値の平均値を算出して、それを基準値とした。そして、カテゴリごとに、その基準値よりも発生回数が多い人数（up）と少ない人数（down）を群ごとに算出し、群と人数を対象にして χ^2 検定を行った（表3-2）。その結果、「簡単な受容」「保証」「是認・同意」「自己開示・自己周辺開示」「オープンクエスチョン」「くり返し」「独語的発話」で1％水準（順に、$\chi^2(1)=20.31$、$\chi^2(1)=12.00$、$\chi^2(1)=12.00$、$\chi^2(1)=14.40$、$\chi^2(1)=12.00$、$\chi^2(1)=9.88$、$\chi^2(1)=8.71$）、「助言」「否認・否定」で5％水準（順に、$\chi^2(1)=6.75$、$\chi^2(1)=6.17$）で両群間に有意な差がみられた。専門家群では「簡単な受容」

表3-2　両群の発話内容の平均回数

分類カテゴリー	平均回数（回）		基準値	専門家群（名）		非専門家群（名）	
	専門家群	非専門家群	（平均値）	up	down	up	down
簡単な受容	291.2**	99.3	195.3	11	1	0	12
保証	0.1	3.2**	1.7	0	12	8	4
是認・同意	1.3	10.8**	6.1	0	12	8	4
同意見提示	3.4	12.2	7.8	3	9	7	5
自己開示・自己周辺開示	0.3	32.2**	16.3	0	12	9	3
オープンクエスチョン	21.0**	3.3	12.2	8	4	0	12
クローズドクエスチョン	21.4	16.0	18.7	7	5	4	8
内容の明瞭化	6.6	3.6	5.1	6	6	2	10
解釈・意見	16.0	22.4	19.2	4	8	5	7
助言	1.8	8.7*	5.3	1	11	7	5
否認・否定	0.3	1.3*	0.8	2	10	8	4
情報提供	0.3	3.0	1.7	1	11	6	6
感情の明瞭化	13.8	3.0	8.4	5	7	1	11
くり返し	14.3**	4.3	9.3	7	5	0	12
会話の枠組みに関する発言	3.0	1.6	2.3	2	10	3	9
独語的発話	0.5	2.5**	1.5	1	11	8	4
分類不能	0.6	1.0	0.8	6	6	9	3

**$p<.01$, *$p<.05$

「オープンクエスチョン」「くり返し」が、非専門家群では「保証」「是認・同意」「自己開示・自己周辺開示」「助言」「否認・否定」「独語的発話」が有意に多いことが示された[*4]。

また具体例として、心理療法場面と悩み相談場面で、類似する発言をした箇所がみられた話し手1名の発話場面を示した（表3-3）。ここでは、話し手がなぜだろうと内省する発言後の聴き手の対応とその後の展開に違いがみられた。心理療法場面では『なんでかわからないんですけど』という話し手の言葉に対して、聴き手は『なんでだろうね？』と「くり返し」を用いて話し手自身に考えることを促している。これによって、話し手は再度自分自身に問うこととなり、考えるための沈黙の時間が生じることとなった。一方、悩み相談場面では、話し手の『なんで……だろう？』という発言の後に、『……したらいいんじゃない？』と「助言」の言葉を返した。これにより素早い解決につながる可能性もあるが、本場面ではそ

表3-3　発話場面の具体例

	専門家	非専門家
例	話し手：なんか昔はもっとちゃんとできてたのに	聴き手：私は開き直っちゃってて（笑う）。【自己開示・自己周辺開示】
	聴き手：うん【簡単な受容】	話し手：いや、それぐらいの、開き直れる心がほしい。
	話し手：なんかできてない自分が許せない感じ。うーん。**なんでかわからないんですけど**	聴き手：うんうん。【簡単な受容】
	聴き手：うん。うーん、うんうん。【簡単な受容】なんでだろうね？【くり返し】	話し手：なんで……開き直ればいいのにねー？
	話し手：勉強やり始めたら、結構集中できたりするときもあって	聴き手：そうだねー【簡単な受容】
	聴き手：うん【簡単な受容】	話し手：**なんで開き直れないんだろう？**
	話し手：そういうときはすっきりするんですけど	聴き手：**もう楽しい予定いっぱい入れちゃったらいいんじゃない？【助言】**
	聴き手：うん【簡単な受容】	話し手：もう手帳埋めるぐらいに？（笑う）他のことできないぐらい？
	話し手：なんか身が入らないときとか	聴き手：今夏だし、海行こう！とか言って（笑う）。【助言】
	聴き手：うん【簡単な受容】	話し手：確かに（笑う）。
	話し手：できなかったときの方が多いですね	
	聴き手：うーん【簡単な受容】	
	話し手：**なんでだろー**	
	……（**沈黙**）	

の後に笑いが生じたことから、悩みから焦点をずらして聴き手の不安を軽減させた展開となった。

　次に、各カテゴリの発言が会話のどの位置で発言されやすいかを検討した。具体的な手順は、まずカテゴリごとに聴き手の全発話に対して順に番号づけをし、対象のカテゴリの発言位置の番号の平均値を割り出した後、各カテゴリで群ごとの平均値を算出した。今回は、専門家群で全体の発話の1%以上発言された6カテゴリ「オープンクエスチョン」「クローズドクエスチョン」「内容の明瞭化」「解釈・意見」「感情の明瞭化」「くり返し」を分析対象とした[*5]。カテゴリごとの分

表3-4 発話内容の系列位置分析

分類カテゴリー	平均値（標準偏差）				t値
	専門家群		非専門家群		
オープンクエスチョン	47.1	(9.0)	32.0	(23.4)	2.1
クローズドクエスチョン	59.2	(16.6)	47.6	(14.3)	2.4*
内容の明瞭化	48.1	(18.0)	47.8	(30.3)	0.0
解釈・意見	69.8	(6.6)	53.4	(7.1)	6.5**
感情の明瞭化	49.3	(10.5)	40.3	(31.7)	0.9
くり返し	51.9	(13.5)	54.3	(22.1)	0.4

$**p<.01$、$*p<.05$

布の平均値と標準偏差は表3-4に示した。その結果、「解釈・意見」と「クローズドクエスチョン」で有意な差がみられた（順に、$t(11)=6.5$、$p<.01$；$t(11)=2.4$、$p<.05$）。特に「解釈・意見」では、発話開始を0、発話終了を100とした場合、専門家群では平均して69.8の位置で、非専門家群では平均して53.4の位置で発言がなされていた。ここから、「解釈・意見」の発言は、専門家群では面接の後半部分で用いられやすい傾向が示されたと考えられる。また、それぞれのカテゴリの標準偏差の値は、「クローズドクエスチョン」以外で、専門家群の方が小さい傾向が示されたことから、専門家群の聴き手の方が個としてのばらつきが少ない類似した行動傾向であると考えられた。

(3) 考察

1) 傾聴プロセスにみられる専門性——非専門家群との比較より

ここでは、聴き手が話し手の悩みを聴くという相談場面を設定し、特に本章ではその行動面に焦点を当てて検討をしてきた。そのため、傾聴プロセスにおける聴き手の行動傾向が、結果として表れたと考えることができる。傾聴という行為自体は、心理臨床家だけが特化して行うものではなく、医者や看護師、教師、福祉職など広く対人援助職と言われる専門職においても、対象者とのやりとりの過程で重要視されるようになってきている。この現状の中で、傾聴プロセスにおける、心理臨床家に特有の特徴を見出しておくことは、専門性を考察していくうえで意義深いと考えられる。さらに、第1章で示唆されたように、特殊性を踏まえ

た専門性を検討していくためには、非専門家との違いだけでなく、共通している点にも同時に目を向けていくことも求められる。以降では、非専門家群との比較を通して、専門家としての行動傾向の特徴を考察していきたい。

i 構造面の特徴

　まず、音声分析の結果を手がかりに専門家群の聴き方の特徴を紐解きたい。相談場面における"内容"を検討した発話内容分析に対して、音声分析は、各群の相談場面における"構造"を検討していたと言える。ここでの構造とは、話し手と聴き手という個々の主体が、その場においてどのような役割や関係のあり方をもっているかという意味で用いて、以降の考察を進めていきたい。

　図3-1に示されたように今回の結果における、両群の構造の最も大きな違いは、全体の会話時間である。ロールプレイでは、両群ともに「50分間」という時間を設けたところ、専門家群ではほぼ50分間話し手の悩みを聴き続けたものの、非専門家群では平均して30分程度で悩みを聴くことを終了したという違いがみられた。さらに、「話し手の悩みを聴いてください」と教示を行っているにもかかわらず、非専門家群では、話し手と聴き手間の発話率が同程度であることも特徴的だった。このような結果は、非専門家群においては、じっくりと話し手の話を聴き続けるような聴き方ではなく、むしろ聴き手側も発言をはさみ、相互にやりとりを行うような聴き方がなされていることを示唆している。沈黙をほとんどはさまないという結果からも、相互的なやりとりが速いテンポで進んでいく様子が推察される。その一方で、専門家群においては、話し手の発話量が聴き手の発話量に比べて多く、沈黙を多くはさむことが特徴的であったことから、聴き手が聴くことに専念して、そのぶん多く語られた話し手の話をじっくりと聴くような構造であることが示唆される。

　ここに、まずは両群の違いが見受けられるであろう。傍から見れば、専門家が聴いても非専門家が聴いても、同じ"聴く"という行為にしか見えないかもしれないが、このように構造面に着目すると、心理臨床家はじっくりと聴き役に徹するような聴き方をしていることが明らかにされたのである。それに比べると、非専門家は、聴いているようでいて、いつの間にか聴き手側も言葉をはさみ、両者

が共に話し手になっていくような聴き方がなされていると考えられる。これは、決して聴き方の優劣があるということではなく、両者の間に明らかに異なる特徴が見受けられたという事実を示しているだけである。Sacks et al. (1974) によれば、一般的な会話では、両者が交互に話し手になることが示されていることからも、心理臨床家による聴き方が、一般的な会話とは異なっているということが示されたと言え、心理臨床家に特有の聴き方というものが存在すると言えるのである。

ii 内容面の特徴

続いて、発話内容分析の結果を検討していきたい。上述したように、発話内容分析は、各群の相談場面における"内容"を検討していたと言える。ここでの内容とは、相談場面を成り立たせている、主体同士の関わりの実質を指すことと捉えて考察を加えていきたい。

まず、表3-2に示されたように、専門家群と非専門家群の違いとして、「同意」や「自己開示」などの発言が、非専門家群のみに多くみられたことが特徴的であった。つまり、話し手の悩みを聴きながら、同意したり自分自身のことを話したりすることが、専門家群ではあまりみられないのである。日常的な関係性においては、「同意」の発言は、相手との一体感や連帯感を生んで関係の構築につながり（堀口, 1997など）、「自己開示」の発言はコミュニケーションを円滑にする役割をもつ（Laurenceau et al., 1998など）と言われる。それゆえ、非専門家群の聴き手は、自然とこうした方略を用いて聴いていたと考えられる。これは、自分自身の「同意」や自分自身の「開示」を積極的に入れ込むという意味で、現実的に、相手との関係に自分を関与させるような聴き方と考えることができる。その一方で、第2章でみられたように、心理臨床家は、能動的に主体を関与させながらも、現実的には相手の表現を妨げないような関与の仕方であったことが連想される。実際に、専門家群における相談場面では、「同意」や「自己開示」が少なかったことから、心理療法場面においては、やはり日常的な聴き方とは異なる機序が働いていると考えられる。

それでは、専門家群における特徴はどのようなものだったのだろうか。専門家群では、「簡単な受容」や「オープンクエスチョン」「くり返し」が有意に多かった。

まず、「簡単な受容」とは、Snyder (1945) の研究でもクライエントの変容に影響を与える要素として挙げられたものであり、話し手にとっては、自分の発言が否定されることなく受容される体験となりうる。そのような雰囲気の中で、「オープンクエスチョン」で尋ねていくことは、話し手の言葉でこころの内側の世界を語ってもらうことにつながりうる。さらに、表3-3の例のように、聴き手が話し手の言葉を「くり返す」ことで内省を促す行動は、話し手自身のこころの内側へと目を向ける姿勢が生まれる関わりとも考えられる。これらの特徴は、話し手のこころの内面に焦点づけて、話し手の体験を深めていくような聴き方であると言えるだろう。非専門家群が、聴き手自身を現実的に関与させながら聴いていたことに比べると、専門家群では、聴き手自身を現実的には関与させないものの、話し手の体験がさまざまな次元で深まるように関与しようとする意味では、深く自分自身をコミットさせていると考えられる。

　さらに、表3-4に示した発話の系列位置分析で、聴き手からの「解釈・意見」の言葉が、専門家群では面接の後半で用いられていた結果からは、専門家群において聴き手がいざ現実的に関与する際には、十分に期が熟したタイミングで行うという特徴が示唆されるのではないだろうか。なぜなら専門家群では、沈黙を多くはさんでいたことから、聴き手も話し手も、面接の中で間をもちながらさまざまな考えを抱くことが可能な状態が生じていると考えられるためである。つまり、専門家群では、面接の前半では話し手の言葉を十分に聴き、話し手のこころの内側の世界について考えをめぐらせており、それに裏打ちされた言葉として、面接の後半で「解釈・意見」を述べている可能性があると考えられる。このように、聴き手に十分に聴いてもらったあとに生み出された言葉だからこそ、話し手にとって受け入れやすい介入となる可能性があると言える。聴き手が自分自身を現実的に関与させたとしても、話し手の表現の妨げにならず、むしろ促進させられるような時期になるまで、見守っている過程がある可能性が考えられるのである。このあたりは、今回の行動傾向の分析だけでは明確にできない部分であるため、次章の内的体験過程の分析ともあわせて考察していくべきであるが、非専門家との現実的な介入の違いとして興味深いところである。

　また、全体として上述した行動が専門家として類似していること自体が、専門

家群における大きな特徴でもあった。たとえば、発話内容の系列位置分析における標準偏差は一項目を除いて専門家の方が小さいことが示された。また、発話内容分析でも専門家の方が発話内容のカテゴリのばらつきが小さく、発話量でも全体時間と両者の発話時間ともに専門家の方が標準偏差の値が小さかった。これらの結果から、専門家は非専門家に比べて行動傾向が類似していると言え、聴き手の個人差よりも専門家としての同質性の方が高いと考えられた。これは、心理臨床家の聴き方という形態が存在しうることを示唆している。

2) 聴き手の行動傾向にみられる専門性の特殊性

ここまでの結果を踏まえると、専門家の聴き手には、悩みの話し手の語りを聴くという行動において、非専門家とは異なる行動傾向がみられ、それは特有の専門性の存在を示していると考えられる。さらにその行動傾向は、個々の聴き手の個人差よりも、専門家としての同質性の方が高いと示されたことからも、専門的な聴き方というものが存在することを示していると言えるだろう。つまり、これらの調査からは、悩みを聴くという行為の中に、われわれが普段行うような一般的な聴き方と、専門家が行う専門的な聴き方の二種類の行動傾向が存在することを示すことができたと考えられる。

しかしそれと同時に、ここまでの結果から、専門家の聴き方は特殊な能力を駆使して行っているわけではないことも示唆される。たとえば、発話内容分析の結果からは、専門家の聴き手が、非専門家の聴き手と同様の発話内容カテゴリを用いていることが示された。つまり、両群とも同様にあいづちを打ち、同様の言葉を用いているのであり、専門家が特殊な能力を駆使して、特別な言葉を操っているわけではないのである。この一見すると当たり前の事実から、心理療法の中でみられる聴き手の行動自体は、日常の中でもみられる行動と一致しているとも言えるのではないだろうか。ゆえに、心理療法における専門性とは、日常の中にある行動を深めたり凝縮したりして、異なる方法で用いていると考えられるのである。ここに、第1章で論じた、心理臨床の専門性の特殊性に通ずるものがある。

このように、非専門家と明らかに異なる行動傾向をもちながら、非専門家と共通の行動を基盤にもっているという点に、聴き手の専門性の特殊性があると言え

る。言い換えれば、傾聴行動における構造面や内容面は、心理臨床家と非専門家との間で明らかに異なっているのだが、傾聴の行動自体は非常に似た要素で構成されているために、外からは見分けがつきにくいのである。このような特殊性をもった専門性を検討していくためには、やはり、外面上にみられる行動傾向だけではなく、聴き手の内側に生じる内的体験のプロセスに焦点を当てることが必要だと考えられる。それが、聴き方の構造面や内容面の違いを生み出しているとも推察できるためである。そこで次章では、悩みを聴いている際の聴き手の内的体験の過程に焦点を当てた分析を行っていきたい。

注
* 1 こちらの結果については、第4章および第5章にて詳しく示す。
* 2 なお、分析手続きに関しては、一括りに記述すると煩雑になると思われたため、各章の結果の項に記述する。
* 3 初回面接を想定した。
* 4 表3-2では、発言が有意に多かった方に、アスタリスク(*、**)を付けている。
* 5 あいづちも含むため厳密な発言とは言いがたい「簡単な受容」は本分析からは除外した。

第4章 専門家と非専門家の内的体験過程の違い
インタビューを通した調査

1. 本章における問題と目的

　前章での検討を通して、専門家と非専門家の聴き手の間には、行動傾向の面での明確な違いがあると考えられた。つまり、専門家の聴き方と非専門家の聴き方の間には、明確な違いがあることが示されたのである。これによって、心理臨床家の聴き方は誰にでもできる聴き方ではなく、専門性をもった聴き方であると述べることができるだろう。そのような意味で、前章での検討では、外側から見た専門性の一側面を示すことができたと考えられる。そして、その聴き方の違いを生み出す背景にあるのが、どのように考えどのように感じながら相手の話を聴くかという、こころの動きとしての内的な体験過程の違いであると想定される。
　そこで本章では、聴き手の内的体験のプロセスを検討することを通して、専門的な悩みの聴き方を生み出す背景にあると想定される、聴き手の内的体験過程の様相を描き出し、それを構成する要素の検討を試みる。

2. 方法

(1) インタビューの手続き
　ここでは、第3章で実施したロールプレイ後に行った、インタビューの概要を示す。ロールプレイ終了後、話し手役の協力者に先に退室してもらい、聴き手役の調査対象者はそのまま部屋に残ってもらい、ロールプレイで話し手の悩みを聴いている際の内的な体験過程についてのインタビュー（半構造化面接）を実施した。

表4-1 インタビューの質問項目

	質問項目
1	聴いているとき、どのようなことを一番考えていましたか？ それはどのようなものですか？
2	何か話から連想したり考えたりしたことはありましたか？ それはどのようなものですか？
3	聴いている際に、特に注目したところはありましたか？ それはどのようなものですか？
4	相手の言葉で印象に残っているものはありますか？ それはどのようなものですか？
5	どのようなことが問題の中心だと考えていましたか？
6	相手がどのような人か（話し手像）ということは明確になりましたか？
7	聴いている際に仮説を立てたり情報をまとめたりしましたか？ それはどのようなものですか？
8	どのようなことを意図して関わっていましたか？

先行研究（新保，1998）を参考に作成した質問項目は表4-1に示した。これらに加えて、どの質問においてもその理由や具体的な内容を尋ねた。

(2) 分析の手続き

　ロールプレイ後に実施した、インタビューの語りのデータの逐語録24個（専門家群12個、非専門家群12個）を分析対象として、話し手の悩みを聴いている際の聴き手の内的な体験過程を両群ごとに体系化した。研究対象とする現象がプロセス的性格をもっているため、複数のデータ事例から理論を形成するまでの分析手順が体系的で実践的に示されている、M-GTAを分析方法として用いた。ここで得られるプロセスは、相談場面における、専門家の聴き手と非専門家の聴き手のもちうる内的体験のプロセスのモデルを構築するものと考えられる。第2章で述べたように、聴き手のこころの動きについては、これまで体系立って説明されてきていないため、周辺領域や関連領域の概念を用いながらここまでの検討を試みてきたが、本調査においては実際の体験のデータからモデルの生成を行うことが可能であるという意味で意義があると考えられる。木下（2003）を参考に、分析方法の流れを以下に示す。

まず、「どのようなことを考えながら聴いているのか」という分析テーマと、「聴き手」（専門家群での聴き手、非専門家群での聴き手）という分析焦点者に照らしてデータの関連箇所に注目し、それを一つの具体例（バリエーション）とし、かつ他の類似具体例をも説明できると考えられる説明概念を生成した。概念をつくる際に、分析ワークシートを作成し、概念名、定義、最初の具体例等を記入した。データ分析を進める中で、新たな概念を生成し分析ワークシートのバリエーション欄に追加記入していき、具体例が豊富に出てこなければその概念は有効でないと判断した。解釈が恣意的に偏る危険を防ぐために、生成した概念の完成度は類似例の確認だけでなく、対極例についての比較の観点からもデータをみた。次に、概念間の関係を個々の概念ごとに検討し関係図にした。そして複数の概念の関係からなるサブカテゴリを生成した後、さらに複数のサブカテゴリからなるカテゴリを生成し、カテゴリ相互の関係から分析結果をまとめて簡潔に文章化し、結果図を作成した（図4-1、図4-2）。なお、これらは方法論的に限定された対象者のデータに基づいているため、本結果は両群の聴き手の母集団が保有する聴き方の一部とする。

3. 結果と考察──聴き手の内的体験過程の様相

(1) 結果

　分析の結果、専門家群では、40個の概念、11個のサブカテゴリ、5個のカテゴリが生成され、非専門家群では、22個の概念、7個のサブカテゴリ、5個のカテゴリが生成された。ここでの概念、サブカテゴリ、カテゴリの定義は、付録として本書の末尾に添付するため（付表1、付表2）、ここでは結果図のみを示す。なお、以降のストーリーラインでは、生成された概念には"　"を、サブカテゴリには【　】を、カテゴリには〈　〉をつけた。

　なお、両群において抽出された5個のカテゴリに関して補足をすると、カテゴリは、概念とサブカテゴリを生成する過程で、分析者である筆者が両群に共通する枠組みに気づいたことから着想を得て生成された。その共通する枠組みとは、両群とも〈メタ的視点〉をもちながら話し手の話を聴き、それを聴き手自身の頭の中で〈A. 話し手から考える〉〈B. 聴き手から考える〉〈C. 他の人との比較から考

える〉という三つの柱から判断や推測をして考え、〈話し手へのフィードバック〉をするという一連の大きな流れがあるということであった。これらのことから、両群の大きな構造自体はよく似ていると言えることが示されたものの、同時にさまざまな違いもみられた。ここにもまた、第1章で論じたような、日常的な言動の中にも専門性がみられるという、心理臨床特有のありようが示されていると考えられる。続いて、各群の結果図（図4-1、図4-2）と、その結果図を説明するストーリーラインを示す。

1）専門家群における聴き手の内的体験過程

　話し手の話を聴きながら、聴き手は〈メタ的視点〉を働かせている。そこでは、"聴き手自身を客観視する"ことや"話し手を客観視する"ことという【客観視】する視点と、"話し手像や話し手の問題を常に考えている"ことや"話しやすい場をつくろうと常に考えている"ことといった【熟考】する視点をもっており、冷静に客観的に見る視点と没頭し考えをめぐらす視点のどちらをも常に働かせていると言える。話し手の問題や話し手像を考える際の推測の柱として、聴き手の頭の中では〈A. 話し手から考える〉〈B. 聴き手から考える〉〈C. 他の人との比較から考える〉の三つの視点を働かせている。

　Aの軸は、専門家群で主軸とされる柱であり、「頭で聴く」ことと「身体で聴く」ことがみられる。まず、「頭で聴く」という面では、話し手の話の中に【注目する手がかり】が多数存在する。たとえば、"病態水準"、"発達的側面"、"家族関係"、"話し手の力や可能性"、"パーソナリティ"、"自発的な語り"、"社会的リソース"、"時間軸"、"聴き手の言葉への反応"、"仕草や表情"などを手がかりにして、ぼんやりとつかんだ話し手像にさまざまな面から肉づけをして"多面的な理解"につなげていく。これらの手がかりのすべてを網羅するのでなく、拠って立つ理論に適した手がかりを用いて、さまざまな可能性や推測をもちつつ聴いていると言える。これは、話し手にまつわる多数のピースを組み立て、理解していこうとする思考の働きであると考えられる。それに加えて、【象徴的に聴く】ということは、話し手の言葉を字義通りにとるのではなく、背景にある意味や象徴性に開かれて"心理的な意味を考える"ことや"心理的なテーマを考える"ことであり、専門家

群に特有の視点であると言える。一方で「身体で聴く」という面では、頭で理解するだけではなく、身体や感覚を用いて聴いている。たとえば、"その人らしさを感覚的に捉える"ことや"イメージの世界に開かれている"というような聴き手自身の【感覚に開かれている】聴き方をする。これによって、"言葉にしにくい思いを感じる"ことや"ベースでつながっている感覚"をもつこと、"感情がリアリティをもち伝わってくる"ことが生じてくるのである。また、"話し手と聴き手の間のズレと沿いをくり返す"ことや、"聴き手の中での理解のズレと修正をくり返す"こと、"話し手の中での矛盾やズレに気づく"ことなど、さまざまな次元での【ズレと沿い】をくり返しながら理解や推測に修正を重ね、面接全体の方向性をもって聴いている。

　Bの軸は、"聴き役という意識は忘れない"で聴きつつも、"類似する自分の経験を胸の中で思い起こす"というように、聴き手自身が【自分の経験を参照する】ことで話し手を理解しやすくする聴き方である。ここでは、聴き手自身の感情に目を向けることも含まれている。

　Cの軸は、"専門的知識やこれまでの経験によるパターンから理解の手がかりを得る"ことで話し手の理解につなげたり、むしろ"パターンとのズレにその人らしさ"を感じたりするといった【知識や経験を参照する】聴き方であると言える。これら三つの柱をそれぞれ用いながら、話し手の理解を進めていくようである。

　続いて、このようにして理解してきた考えを〈話し手へのフィードバック〉へとつなげていく。ここには大きく分けて二つの方法がある。一つは【話し手に寄り添う姿勢】に重きを置く聴き方、二つ目は【話し手の気づきを促す介入】である。【話し手に寄り添う姿勢】としては、"目標を共有"してこの面接の場で何をどこまで行うのかを明確にして進めていき、"話し手の自己理解・自己整理に寄り添う"ことや"話し手が生き方を考えていくのに寄り添う"ことをしながら、"話し手に合わせた言葉を考える"ことや話し手が"内面にふれている沈黙は待つ"ことを通して、話し手が考えていく過程に寄り添う聴き方をしていると言える。このようなマクロ的なフィードバックの視点をもったうえで、【話し手の気づきを促す介入】がある。これは、"話をまとめ焦点化する"ことや"感情を深める"こと、

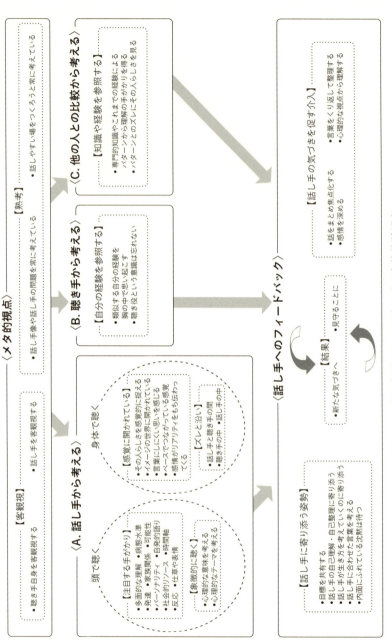

図 4-1　専門家群における聴き手の内的体験過程

第4章　専門家と非専門家の内的体験過程の違い

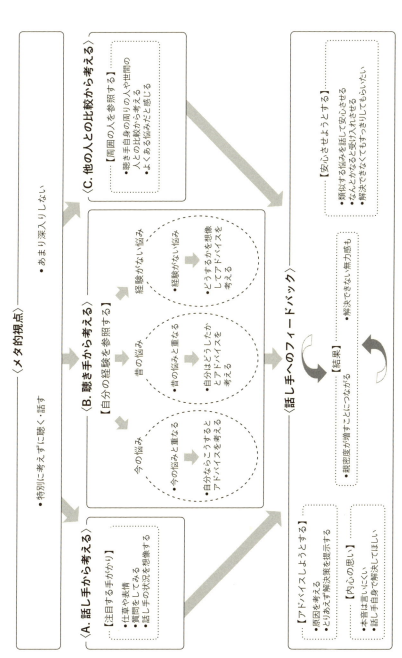

図4-2　非専門家群における聴き手の内的体験過程

"言葉をくり返して整理する"ことを通して、話し手の問題を"心理的な視点から理解する"聴き方である。これらの介入により、【結果】として"見守ることに"つながったり、"新たな気づきへ"つながったりすると考えられる。

2）非専門家群における聴き手の内的体験過程

　非専門家群においては、話し手の話を聴きながらの〈メタ的視点〉はあまり働いておらず、"特別に考えずに聴く・話す"という状態であり、基本的には口から出るままに会話をしている。ただ、"あまり深入りしない"でおこうという気持ちはもっているようである。そのように話を聴いている聴き手の頭の中には、非専門家群の場合でも、話し手の問題や話し手像を考える際の推測の柱として、〈A. 話し手から考える〉〈B. 聴き手から考える〉〈C. 他の人との比較から考える〉の三つが存在する。

　Bは、非専門家群で主軸とされる柱であり、【自分の経験を参照する】聴き方であると言える。たとえば、聴き手自身のもつ「今の悩み」を思い起こした場合、"今の悩みと重なる"感覚が生じて、"自分ならこうするとアドバイスを考える"ことにつながる。また、話し手の話を聴きながら、聴き手の「昔の悩み」を思い起こした場合、聴き手自身の経験した"昔の悩みと重なる"気持ちが生じて過去の"自分はどうしたかとアドバイスを考える"という展開が生じていくと考えられる。一方で、聴き手自身には"経験がない悩み"だと感じた場合には、自分ならば"どうするかを想像してアドバイスを考える"ことに動いていくと考えられる。このように、聴き手が自分の経験を思い出し、話し手に自分を重ねて想像することを通して、自分はこうだから相手もきっとこうだろうと考えてアドバイスをしようという動きになるのであろう。ここでは、より思考的なプロセスが強く働いていると考えられ、自らの感覚や感情を頼りにすることは、想像するという点でみられたのみであった。

　Aは、話し手の話の中から【注目する手がかり】をもとに聴いていく。たとえば、話し手の"仕草や表情"に注目したり、"質問をしてみる"ことや"話し手の状況を想像する"ことを通して、話し手を理解していく。

　Cは、聴き手の【周囲の人を参照する】考え方であり、話し手の悩みは"よく

ある悩みだと感じる"ことや、"聴き手自身の周りの人や世間の人との比較から考える"ことに展開していく。

こうして話を聴いてきた聴き手は、〈話し手へのフィードバック〉をしようとする。非専門家群には大きく三つの視点がある。一つは【アドバイスしようとする】傾向であり、そのために問題の"原因を考える"ことをして、"とりあえず解決策を提示する"といった考えが動いているようである。一方で、【安心させようとする】という気持ちも生じている。たとえば、聴き手自身や身近な人の"類似する悩みを話して安心させる"ことや"なんとかなると受け入れさせる"ことによって、"解決できなくてもすっきりしてもらいたい"と考えているようである。だが、"本音は言いにくい"という思いや"話し手自身で解決してほしい"とどこか突き放したような思いもみられ、【内心の思い】との間にはズレもあると考えられる。これらにより、【結果】としては、アドバイスができず聴き手に"解決できない無力感も"生じることがあるものの、悩み相談を通して"親密度が増すことにつながる"という展開にも動きやすいようである。

(2) 考察

ここまで、インタビュー結果の分析を通して、専門家群と非専門家群の聴き手の内的体験過程を比較し、その特徴を論じてきた。これは、相手の悩みを聴いている過程の聴き手側のこころの動きを考察することにつながると言える。そこからみえる専門性のありようについて、さらに以下で検討していきたい。

1) 専門家の内的体験過程の特徴

本調査で得られた専門家の聴き方の内的体験過程の特徴とは、第1章で整理した心理臨床家が個々の体験として言及してきた事柄や第2章で概観した周辺領域の概念と重なる部分もあり、一見すると当たり前のようなこころの動きである。しかし、これまで体系立って検討されにくかった聴き手の内的な体験過程を、このように一つのプロセスとして体系化して示すことができた点には意義が見出せると言え、本書における独創的な見解の一つとなりうるだろう。さらに、調査場面ではあるものの、専門家と非専門家の内的体験のプロセスを比較することで、

心理臨床特有の専門性のありようが随所でみられる結果となった。以下では、まず、今回の調査によって得られた知見に沿って、考察を加えていきたい。

i 話を聴きながら生じるメタ的視点

　専門家による内的体験過程の特徴の大きな要素は、〈メタ的視点〉があることである。これは、話を聴きながら常に全体を把握する視点をもっているということであり、特に、【熟考】と【客観視】の両方の視点があることが示された。つまり、聴き手は、没頭して世界に入り込むことと、距離をとって冷静に考えることを同時にしていると考えられる。これは、相反するような内的構造が両立している状態とも考えられるだろう。一方で、非専門家には、話し手の話を聴いている間に全体を視野に入れて捉えるという俯瞰的な視点はほとんどみられず、特に意識をせずに聴き、口から出るままに自然に話していた。ゆえに、そもそも全体を俯瞰する視点が"ある"か"ない"かという点で、専門家と非専門家の聴き手のあり方には大きな違いが生じていると言える。ここでみられた非専門家の聴き方のように、一般的にみれば話を聴くという行為は、ほとんど意識的な関与を必要としない受動的なものとして捉えられがちである。しかし専門家は、外面上では同じように受動的に聴いているようにみえたとしても、内的なプロセスでは、非常にせわしなく視点や構造を変化させて、能動的に聴いていることが示唆されたのである。非専門家との差異がみられたこの特徴は、非常にさまざまな次元の要素を自らの内側に保ちつつ、相手の話を聴くという専門家の体験過程を支えているのかもしれない。つまり、常に全体を俯瞰し、相反する構造を働かせているからこそ、聴き手自身の内的体験過程が複数の次元に開かれておくことが可能となるのであろう。ここに、専門家の内的体験過程における専門性が存在していることが示唆される。

　以下でも、聴き手の内的体験過程の検討を通して明らかになる、専門性について考察を加えていきたい。

ii 聴き手の頭の中に生じる思考の柱

　話し手の話を頭の中で考える際に生じる思考の"柱"については、意外なこと

に、両群が類似する枠組みをもつことが明らかとなった。これは、何も訓練を積まない状態の聴き方と、訓練を積んだ専門的な聴き方の間の、思考プロセスの大きな枠組み自体は類似していることを示している。筆者は、第1章で、心理臨床の専門性には、"心理臨床の中でしか起きないこと"と"日常の中でも起きること"のどちらもが両立して含まれることが特徴であることを論じたが、まさにこの点がその一例であると言える。

だが、本調査においては、大きな枠組み自体は両群に類似しているものの、主軸とされる柱が異なることが示された。結果によれば、専門家群は"話し手"の枠組みから思考をし、非専門家群は"聴き手自身"の枠組みから思考をすることが最も大きな違いであった。つまり、普段の悩み相談の中で非専門家の聴き手たちは、"あなた"（話し手）の話を聴いているようでいて、実は"わたし"（聴き手）のことを思い起こして考えをめぐらせていることが示唆されたと言える。これは、第3章で「同意」や「自己開示」の発話が多かった非専門家群の結果を連想させる。一方、専門家は"あなた"（話し手）の枠組みを重視して話を聴いていた。それゆえ、"わたし"（聴き手）ではなく、"あなた"（話し手）の問題を考えていける場が生み出されるのであろう。河合（1992）によれば、心理療法はクライエントの潜在的な自己治癒の力が働くことで展開していくものだとされる。このような結果は、第3章で「同意」や「自己開示」などをあまりせずに聴き役に徹して、クライエントの自己治癒の動きを妨げることなく、しかし深くコミットをしようとしていた専門家群の特徴にもつながるだろう。また、「くり返し」や「オープンクエスチョン」などの発話を通して、話し手が話し手自身と向き合える場を作っていた専門家群の行動傾向の特徴とも重なると考えられる。このように、専門家と非専門家間の思考的な側面を整理すると、大きな枠組み自体には類似する点があるが、機能している主要な軸が異なっていたと言える。特に、相手の話を聴きながら自分自身のことを思いめぐらせる非専門家とは違い、相手の話を聴きながら相手のことを思いめぐらせる専門家のありようは、特徴的な思考プロセスと言えるだろう。

また、一般的に"専門家"といえば、専門的知識やこれまでの専門家としての経験という参照枠に照らし合わせて判断をすると考えられやすいため、Cの柱を主軸とするのではないかと思われがちである。しかし本調査の結果から、心理臨

床家は、あくまで目の前の話し手の枠組みを重視する、つまりAの柱を主軸とするといった特徴がみられたことからも、この部分が心理臨床家という専門家の特徴的な点として考えられるだろう。

それから、Aの柱を主軸とする専門家群であるが、非専門家群と同様にBの柱を用いて思考をすることもある。その際に、"わたし"の経験に思いをめぐらせることは非専門家群と類似していたが、専門家群だけにみられた点は、"わたし"の感情にも目を向けるという特徴であった。ただ、非専門家群とは異なり、専門家群は、常に話し手の理解を目的としてBの軸を用いることも特徴的であった。そのため、話を聴いて沸き起こってくる自分自身の感情に目を向けるという体験過程もまた、常に話し手の理解のために用いられている点が、非専門家群とは異なる特徴だと考えられる。

このように、専門家と非専門家との間では、大きな枠組みは類似しているものの、主軸とされる柱が異なることが示された。通常われわれは、一人でいるときはもちろん、自分と異なる他者と接しているときにも、"わたし"の軸を用いて思考をし、感じ、動くのが一般的である。しかし、心理療法の場では、他者であるクライエントと場を共にしているにもかかわらず、聴き手であるセラピストは"わたし"ではなく、"あなた"の軸を主軸として用いていると推察される。この点に、専門家群と非専門家群の間の大きな違いがみられると言えるのである。しかしそうは言いつつも、"あなた"を軸としながらも、思考しているのは"わたし"でもあり、結局のところ"あなた"と"わたし"の重なるところで思考が行われている可能性も考えられる。ゆえに、以降の章では、"あなた"を軸とした思考が生じてくる過程をより細やかに検討することが求められる。

ⅲ 象徴性、身体性、イメージ

上述した事柄以外にも、非専門家群にはみられず、専門家群にだけみられた特徴があった。それは、【象徴的に聴く】や【感覚に開かれている】という特徴である。たとえば、言葉や表現の背景にある意味や象徴性に開かれて、"心理的な意味を考える"ことや"心理的なテーマを考える"こと、"その人らしさを感覚的に捉える"ことや"イメージの世界に開かれている"ことなどは、専門家群にしかみ

られない内的体験のプロセスであった。これは、実体のないクライエントのこころに、セラピストがどうにかして近づこうとし、理解しようとするプロセスであると考えられないだろうか。実体がなく、捉えどころのないこころを理解するために、心理臨床家はこれまでにさまざまな知恵を生み出してきた。たとえば、フロイトは「場合により、象徴は、夢見た人自身にいろいろと聞きだすことなしに、夢を解釈することを可能にしてくれます」(Freud, 1917/2012, p.180) と述べ、無意識に関連するような、何らかの心的な内容や心的なエネルギーが、夢や連想、症状の中に置き換えられていると考えて、その象徴的な意味を読み取ろうと試みた。ユングは、「イメージは心の全般的状況を凝縮して表わすものであって…(略)…したがってイメージはその時々の無意識の状況と意識の状況を表わしている」(Jung, 1921/1987, pp.447-448) と述べ、心的状況の圧縮された表現であるイメージを手がかりにして、クライエントの意識と無意識の動きを共に体験することで、こころを理解しようと試みた。

　本調査でみられた特徴もまた、象徴性や身体性、イメージを伴って、クライエントのこころを理解していこうとする、専門家の聴き手の内的体験のプロセスの一部であると考えられる。これは、聴き手自身の身体性を経由した感覚的な次元に開かれたものと言え、さらには、より直観的な要素が機能している部分でもあるだろう。上述した思考の機能が働くプロセスとは異なる次元で、体験が生じてきているのではないかと考えられる。このような感覚的かつ直観的な要素が、象徴性や身体性、イメージの形で聴き手の内側に生じてくる可能性が今回の調査により示唆されたと言える。これらの性質は、聴き手自身も意図しないうちに、自らのこころの内側に生じてくるような体験とも考えられる。これは、誰のこころにも備わっているこころの動きであるはずだが、今回の調査では非専門家群にはほとんどみられなかったことから、心理臨床家という存在は、こうした自分も意図しないうちに自らのこころの内側に生じてくるような体験に、開かれているということかもしれない。このあたりには、さらなる検討が求められる。

iv 話し手との間に生じるフィードバック

　さらに、上述のように聴き手の頭の中で考えた事柄を、どのように話し手に伝

えていくかという際にも、専門家と非専門家の間には違いがあることが示された。最も大きな違いは、目的をどこに置くかという点である。解決を目指してアドバイスをしようとする非専門家とは異なり、問題そのものの解決を最終的な目標とはせずに、話し手の全体性にまで視野を広げていく点に専門家の特徴があると示唆された。このような専門家特有の"視点"をもっているために、専門家群の聴き手は、話し手が主体的に問題に向き合う姿勢を大切にして、共に寄り添っていこうとするという姿勢がみられたのだと考えられる。

　ⅴ 全体として

　ここまでの結果を踏まえると、専門家は、思考プロセスの大きな枠組み自体は非専門家と類似したものをもちつつも、聴き手自身の枠組みから思考する非専門家とは異なり、話し手側の枠組みを用いて思考することが大きな違いであったと考えられる。また、自分自身の感情を話し手の理解に用いることや、俯瞰の視点をもち、象徴性や身体性、イメージを伴った理解に開かれていることも、非専門家にはみられない特徴であった。ここから、非専門家の聴き手の内的体験過程が、自分自身の経験や知識から悩みの解決を目指そうとする動きであるのに対して、専門家は、常に俯瞰的な視点をもつことで、話し手側の多様な手がかりから思考したり、自らの内に生じる感情や経験にも目を向けたり、あるいは直観的かつ感覚的に生じてくる体験に開かれていたりして、総合的に解決を目指そうとしていると考えられた。これは、心理臨床家のこころの動きを理解するうえで重要な手がかりであると言えるだろう。

4. 聴き手の"行動傾向"と"内的体験過程"の検討を通して

(1) 心理療法における聴き手の特徴

　前章および本章を通して、聴き手の行動傾向と内的体験過程をどちらも検討し、考察を加えてきた。前章の行動傾向の検討では、客観的なデータから数値化されて結果が示されたことで、行動面における専門性が明らかにされたものの、それらの行動が生みだされる内的なプロセスは見えにくいものであった。一方

で、本章の内的体験過程の検討は、客観的かつ数値的な結果を出しにくいものではあるが、行動を生み出すような聴き手の細やかな内面の動きを明らかにすることは可能であった。そうした意味で、両側面の検討によって、相談場面でみられる専門性について相補的に考察を加えることができたと考えられる。

　特に、行動傾向の検討から、明らかに異なる二つの相談形態があることが示された点には大きな意義があると考えられる。心理臨床家による聴き方は、日常的に非専門家によってなされる相談と比べると、構造面や内容面ではまったく異なる聴き方をしていることが示唆されたと言える。しかし、構造面や内容面での違いはあるものの、行動を構成する行為自体は同じ要素をもつため、一見すると、相談とは誰が行っても同じだと思われてしまいやすいと言える。また、行動を構成する要素の部分だけを変えて——たとえば、「オープンクエスチョン」を多く発言しようと試みるなど——、より傾聴しようと思ったところで、どのような体験からそうした行動が生じてきているのかを知らなければ、本当の意味で"聴く"ことは不可能であるとも考えられる。

　そこで、本質的に聴くためには、やはり聴き手がどのような体験をして聴いているのかということに目を向ける必要があると言える。それゆえ本章の検討を通して、これまで明確な定義のなされなかった、聴き手のこころの動きとしての内的体験過程が、一つのプロセスとして体系化されたことは、意義がある試みであったと考えられる。そして専門家群は、行動傾向だけではなく、内的体験のプロセスにおいても非専門家群と明らかに異なる性質をもつことが示され、それらは行動傾向の違いにも結びつくものであったと言える。本章の結果を手がかりとしたい。本章の結果から得られた最も大きな特徴は、専門家群の内的体験過程には、"さまざまな視点、軸、次元、構造などが併存されている"ことであった。たとえばそれは、"熟考と客観視という相反する視点"、"思考する複数の軸"、"思考と直観などの次元の異なる体験に開かれるありよう"、"解決そのものだけでなく全体性の中に目的を置く構造"などであったと言える。このように、さまざまな視点や軸、次元、構造を併存していることで、広い視野から全体を見据えて考えることができるのだろう。こうした特徴が、非専門家群とは違う行動傾向を生み出しているのかもしれない。そして、聴き手のこころの内に併存するこれらの

複数の事柄は、てんでばらばらではなく、そこに通底するいくつかの要素が存在していることも示唆された。以降の考察での手がかりになると考えられるため、本章の最後にそれについて検討を加えたい。

(2) 心理療法における聴き手の内的体験過程を構成する要素

　ここでは心理療法における聴き手の内的体験過程を構成するいくつかの要素について試案を述べたい。上述のように、専門家群の聴き手は、さまざまなものを内的に併存させて聴いていることを示してきたが、今回の検討を通して、専門家群の聴き手の体験過程を構成する要素として、大きく分けて四つがあると考えられた。それは、思考的要素、感情的要素、感覚的要素、直観的要素の四つと言えるのではないだろうか。これらはまさしく、ユングのタイプ論における、こころの機能である思考、感情、感覚、直観の概念を連想させる。ユングのタイプ論とは、1921年に発表されたユングの最も有名な理論の一つである。そこでJung (1921/1987) が意図しているのは、「人間心理には、多くの個々の差異のほかにタ・イ・プ・の・違・い・もあるということである」(p.9) と述べているように、こころの構造や機能のあり方には一定の諸タイプがあると明らかにすることであった。当初は、内向型と外向型という二つの一般的な構えのタイプが構想されたが、その後、この二つのグループの中にも個々人の違いがあることが示され、個々の「心理的な基本機能」(p.13) によって区別したことで、上述した思考、感情、感覚、直観の四つの機能があらわされることとなった。彼の理論によると、人間は、四つの機能のうちで、最も意識化されて意識の制御や意図に従っている優越機能を主として働かせて生活を送っており、そうでない機能はどれもあまり意識的ではなく、その一部は無意識的であり、意識の自由になることがほとんどない未分化な機能だと示されている (p.366)。つまり、人間はこれら四つすべての機能を有してはいるものの、個々人によって、優－劣あるいは分化－未分化の程度が異なることで、普段の生活の中では、ある一つの機能を優位に働かせることとなり、個々のタイプの違いが生じていると考えているのである。

　ここで、筆者は、個々人のタイプを論じたいわけではなく、一人の人間の内的過程で行われる動きを構成する要素について論じようとしている。本章で検討を

してきた専門家群の聴き手の内的体験過程にも思考的要素、感情的要素、感覚的要素、直観的要素という四つの要素が見出されたことから、このユングのタイプ論の概念を導入することによって、より考察が深みのあるものになるのではないかと考えられる。そこで、タイプ論との関連を示しながら、本章で得られた結果から考えられる、それぞれの要素に関する考察を以下に順に記していきたい。

1）思考的要素

まず、今回の調査で、専門家群の聴き手が、〈A. 話し手から考える〉を主軸とし、話し手についての多くの【注目する手がかり】を結びつけることによって内的世界のありようを知り、話し手を理解していくプロセスには、思考的な要素が含まれていると考えられる。そこでは、断片的に提示された話し手の表現を、まるでパズルのピースのように組み立てて関連づけ、聴き手なりの理解を試みていたことが示された。

Jung (1921/1987) は「思考」について、「それ固有の法則に即して、与えられたさまざまな表象内容を（概念的に）連関づける心的機能である」(p.452) としている。そして、「表象が単純につなぎ合わされたものを連合的思考と呼ぶ心理学者もいるが、私に言わせればこれは思考ではなく単なる表象作用にすぎない。思考と言ってもよいのは、私見によれば、諸表象が一つの概念によって結び合わされる場合だけ、言い換えると判断行為──われわれの意図から出たものか否かにかかわらず──がなされている場合だけである」(p.453) と考えていた。ここから、彼は一つの概念によって諸表象が結び合わされる過程を思考として考え、それを行う主体の判断を重視していたと見受けられる。

これらの理論を受けると、心理療法の過程で聴き手の内側に思考的な要素が働く際には、何かの一つの概念によって、諸表象が結び合わされることが生じていると言える。その際の一つの概念となりうるのが、心理臨床の専門的な知識や理論などではないだろうか。つまり、専門的な知識や理論などをもとにして、話し手を理解する手がかりとなるパズルのピースを組み合わせて、話し手のこころの構造や状態を見立て判断していくことが、思考的要素を用いて行われていることであると言える。そして、そこにはその判断行為を行っていく主体としての聴き

手の存在が大きく関与していると考えられるのである。
　これは、対象を判断する主体が必要であるという意味で、観察主体である聴き手(セラピスト)と、観察対象である話し手(クライエント)を切り離し、両者の間に距離があることによって成立する。いわば、主体としての聴き手が、客体としての話し手との間に距離を設けるからこそ、判断をするという行為が生じてくるのである。しかし、同時にそれは、心理療法の過程で、聴き手と話し手との間に最も大きな乖離が生じる状態でもある。なぜなら、完全な"他者"としての聴き手の視点から、話し手を理解し判断をすることが行われているためである。ゆえに、この思考的要素は、話し手のこころにとっては、客観性および他者性に侵入される動きと捉えられるが、この客観性や他者性が新たな展開をもたらす原動力となりうる可能性もあると考えられる。

2) 感情的要素
　続いて、Jung (1921/1987) は、「感情」については次のように説明している。「感情内容とは第一に自我と与えられた内容との間に生じる活動であり、しかもその内容に対して受け入れるか拒むか(『快』か『不快』か)という意味で、一定の価値を付与する活動である」(p.462)と示し、したがって、感情とは、「さしあたっていかなる点においても外的刺激から独立しうる完全に主観的な活動である」(p.462)と述べている。ここで、ユングは、主観的な枠組みに従って価値判断をするという点に感情の本質をみていると言える。
　本章の結果から、この感情的要素は、心理療法の過程では、〈B. 聴き手から考える〉の中に見られたように、聴き手が自分自身に生じた感情を振り返って、それを話し手の理解に活かすという動きの中にみられたと考えられる。これは、精神分析学派の考える逆転移に近い部分と考えられる。話し手(クライエント)の表現を聴く中で、怒り、悲しみ、喜びなどを体験する際には、ユングが述べるように、聴き手(セラピスト)の主観的枠組みから、何らかの価値を付与する動きが生じていると考えられるが、心理療法における聴き手の内的体験過程で特徴的なことは、その感情をそのまま表出するのではなく、常に話し手の理解に活かすように試みることであった。

上述した思考的要素が、観察対象と観察主体を切り離した客観性をもつものだとすると、感情的要素は、ユングも述べるように、観察主体の主観に主眼を置いていると考えられる。近代科学においては、観察主体側の主観をできる限り排除する試みがなされてきたが、逆転移理論にも見受けられるように、心理臨床においては、観察主体側の主観を有用だと考えて実践を行っていると言える。ここには、フッサールの間主観性の概念が果たす影響が大きいだろう。間主観性とは、「主観性が根源的にはエゴ・コギト（われ思う）として単独に機能するのではなく、たがいに機能を交錯させつつ共同的に機能するものであって、こうした主観性の間主観的な共同性が対象の側へ投影されたときに客観的世界という表象が生じる」（哲学・思想事典, 1998, p.282）という考え方の中から生じてきたものである。言い換えれば、間主観性とは、自我だけでなく他我をも前提にして成り立つ共同化された主観性と言えるだろう。このように、心理臨床実践の場が、観察対象と観察主体の間に共同体が構成された、間主観性が働く場であると考えると、聴き手（セラピスト）の主観は、話し手（クライエント）との間で生じている事柄を包含し反映しているものだと考えることができるのである。それゆえ、心理療法という空間の中で、聴き手の内に生じてきた怒りや悲しみ、喜びなどの情緒は、話し手のこころを反映していると考えることが可能となるのであろう。心理療法の場に間主観性の概念を導入することによって、主観的な枠組みに従って価値判断をするという感情的要素をより治療的に働かせることが可能となっていると考えられる。

3）感覚的要素

　本章の結果に示された聴き手の内的体験過程における感覚的要素とは、たとえば、相談場面における、話し手の動作や表情、声、佇まいを体験することなどが挙げられる。相手の声や表情を受け取って、それに合わせるようにチューニングを図ろうとする専門家群の聴き手のありようが、【ズレと沿い】というサブカテゴリの中に示されていた。

　Jung (1921/1987) が、感覚について「物理的な刺激を知覚に伝える心的機能である」(p.458) と述べているように、まずは、話し手から放たれる物理的な刺激を知覚することを通して、聴き手の内に体験が生じてくる際にこの感覚的要素が含ま

れると言えるだろう。

　しかし、感覚的要素に含まれる体験はそれだけではなかった。本章で得られた結果によれば、心理療法における聴き手は話し手の話を頭で理解するだけではなく、身体や感覚を用いたり、内的なズレを体感したりしつつ聴く特徴が見受けられたのであった。ユングもまた、「感覚は外的物理的な刺激だけでなく、内的刺激・すなわち内臓の変化・とも関係している。それゆえ感覚とは何よりもまず五感による感覚、すなわち感覚器官や身体感覚(運動感覚や脈搏感覚など)による知覚である」(p.458)と述べている。つまり、本章で得られた専門家群の聴き手の内側に生じる感覚的な要素は、ユングの述べる感覚器官や身体感覚による知覚とも関連していると言えるだろう。これは、聴き手(セラピスト)が、話し手(クライエント)にまつわる外的な刺激だけを体感しているわけではなく、自分自身の内側に生じてくる体感にも目を向けて感じ取っているのだと言えるだろう。つまり、聴き手(セラピスト)の体感的な理解、言い換えれば身体性とも深く関連した要素が、内的体験過程で働いていると考えられるのである。このように、身体性の次元で、話し手(クライエント)の表現を受け取っていることが示されたことは、話し手を知的な理解だけではなく、より体感的な次元で理解しようと試みることにつながると考えられる。

4) 直観的要素

　最後に、今回の結果の中で、専門家群の聴き手のみに見られた特徴であった、イメージや象徴性などを手がかりにして、話し手の理解を生成していく過程について考える際に、直観的な要素が有用である。Jung (1921/1987) は、直観とは、「知覚を無意識的な方法によって伝える心的機能である」(p.475)と述べている。さらに、「直観の特質はこれが感覚的知覚や感情や知的推論の形をとって現れうるが、実はそのいずれでもないことである。直観においてはどんな内容もでき上がった全体として表されるが、われわれはさしあたってその内容がどのように生じてきたのか示すことも発見することもできない。直観はその内容が何であれ、一種の本能的把握である」(pp.475-476)と指摘している。ユングが本能的把握と言うように、哲学の領域でも、無意識のうちに本質的な部分をつかむという意味で用いら

れるものであり、本能的に本質的な要素を把握するような機能を指すと考えられる。

　本章でみられたような、イメージや象徴的な形をとって話し手の理解が生じるときは、聴き手の意図を超えて本質的な理解が生じてくるときであるとも考えられ、このプロセスにおいて、直観的な要素が働いているのではないかと言える。ユングが「非合理的な」性質であると示すように、直観的な理解が生じるときは、観察対象と観察主体を明確に区別し、客観性の追求を目的とする近代科学では扱うことのできない、観察対象と観察主体との間の関係性、非因果的関連としての共時性（Jung, 1952/1976)、意識を超えた無意識性などが影響していると考えられる。特に深層心理学の分野においては、意図や意識を超えた無意識的な領域がもつ、治癒性や本質性が指摘されてきたが、聴き手（セラピスト）はそこに開かれ、意識的な機能と等価値に意味を見出している可能性がある。今回の結果においても、知的な理解と並ぶように、直観的な理解のありようが示されていることがこのことを示しているだろう。

5）心理療法における聴き手の内的体験過程の要素とタイプ論

　本項の冒頭に説明したユングのタイプ論の中では、個々の人間は、思考、感情、感覚、直観の四つの機能のうち、最も意識化されて意識の制御や意図に従っている一つの優越機能を主に働かせて生活を送っており、それ以外の機能は保持しているものの未分化な機能として普段は陰に存在していることが示されていた。しかし、今回の調査に基づく結果を見ると、これらの四つの機能に関連する、思考的要素、感情的要素、感覚的要素、直観的要素が、1回の相談過程の中で専門家群の聴き手の内的なプロセスですべて働いていることが示された。本来であれば、その優劣の程度によって、いくつかの独立したタイプとして分類できるような機能であるにもかかわらず、これを一人の人間の中に並立させているという意味では、専門家の聴き手が、全人格的な性質をもって話し手の表現を受け取っている存在であることが示唆されたと考えられないだろうか。ユングは、優越機能が強くなりすぎると、それを補償するために、劣等機能が思わぬ形で登場してくることを指摘しているが、専門家の聴き手は、補償作用を働かせるというだけで

はなく、自らコントロールをして並立を図っているのかもしれない。これらがどのように関連し合って働いているかについては、本章の検討からは示すことができないものの、四つの要素を並立させて全人格的にクライエントのこころの声を聴いていることは、専門家の聴き手の内的体験過程の特徴と言えるだろう。全人格的に相手の話を聴くことで、偏りのない視点で相手を理解することになり得るため、話し手（クライエント）側からすると、丸ごと自分を受け止めてもらえる感覚を抱くことにつながるかもしれない。また、話し手（クライエント）自身が考えもしなかった視点から、聴き手（セラピスト）が話を聴いてくれることは、二人の間に相補性が働き、心理療法の場が全体性をもつ空間に近づいていくのではないだろうか。今回の結果とユングのタイプ論の関連を検討したことで、より深く考察を進めることになったと考えられる。

(3) 次章に向けて

　前章からここまでで、心理療法における聴き手の行動傾向と内的体験過程をともに検討することで、心理臨床家の専門性の一側面を探ってきた。さらに、内的体験過程において、多様な要素が働く過程およびたどる様相を、非専門家と比較することができ、一つのモデルを試案することが可能となった。このように、聴き手の内的な体験をプロセスとして示すことができた点に意義があるが、調査では、聴き手に事後的に回想してもらうという手法をとったために、話を聴いている際の意識的な聴き方を抽出したに過ぎないという限界があるとも考えられる。本来は話を聴いているうちに、聴き手自身も無意識的にさまざまなものが働き、それが心理療法において大きな影響を与えるものとなる。特に、本章において見出された直観的要素は、そのあたりの機序が関係していると想定され、さらなる検討が必要な部分である。また、"聴く"こととは本来、話し手と聴き手の相互作用的なやりとりの間に生じるものであることを考慮に入れておくべきであり、課題として残る点である。そこで、次章以降では、今回明らかになった点も踏まえつつ、より無意識的で力動的な性質を捉えるために、内的体験過程の別のフェーズからも検討を加えていきたい。

第5章
専門家と非専門家の関係性の捉え方の違い
投映法的手法を用いた調査

1. 本章における問題と目的

(1) 聴き手のこころの動きと関係性

　ここまで、聴き手のこころの動きを検討することで、心理療法における聴き手の専門性を考察してきた。特に、第3章および第4章での調査研究からは、専門家の内的体験過程を体系化して示すことができ、それは、思考的要素、感情的要素、感覚的要素、直観的要素などを含んだ多層的なプロセスであることが示唆された。この検討によって、心理療法における聴き手の内的体験過程のモデルを示すことができたと言えるが、ロールプレイの後に、事後的に体験を振り返って語るという調査の方法上、聴いている際の意識的な体験過程が現れやすかったとみることもできる。実際の心理療法の場で、クライエントの話を聴く過程では、聴き手の内側には、意識水準では捉えきれない、無意識のうちに浮かび上がってくるような体験も生じているのではないかと考えられ、このあたりについては検討がなされていないと言える。

　そこで本章では、心理療法における聴き手のこころの動きのうち、より無意識的で力動的な要素を含んだ層について検討することを試みる。この層における体験を検討するためには、いくつかの方法が考えられるが、ここでは聴き手と話し手の関係性を切り口として分析を行い、両者の関係性の中に浮かび上がってくるこころの動きの無意識的で力動的な性質を検討することとする。なぜなら、心理療法における聴き手と話し手の関係性は、転移や逆転移などの力動的な事象が生じやすい領域であるとされているためである。第2章の検討で、ユングの捉える

転移や逆転移は、クライエントやセラピストの各々の個人的な心的体系に基づいたものだけを指すのではなく、互いの心的体系が交じり合って生成されるものをも指すと考えられると述べたように、心理療法における関係性は、深い次元で展開していると想定され、日常的な関係性のあり方とは異なる特徴をもつと考えられる。このように、聴き手と話し手の関係性の特徴を検討していくことで、より無意識的で力動的な要素を含んだ、聴き手のこころの動きを扱うことができると考えた。

　ところで、日常的な人間関係の場でも、支え合ったり励まし合ったりするように、人は関係性なしには生きられないものであろう。このように考えると、人と人との関係性は、心理臨床の専門性の要素でもあると同時に、日常の中にもみられるものでもあるとも考えられる。そのため、心理療法の中で生じる関係性と、日常の悩み相談の中で生じる関係性とが、それぞれどのような特徴をもち、どのような相違がみられるかを明らかにすることは意味があると思われ、それによって、心理療法におけるより無意識的で力動的な聴き手のこころの動きの性質が浮かび上がってくると考えられる。そこで本章では、まずは、心理療法の中で生じる関係性が、日常の悩み相談の中で生じる関係性とどのように異なるかということを検討したうえで、そこで生じる聴き手のこころの動きについて考察していきたい。

(2) 方法の検討

　聴き手と話し手の関係性を体験する過程の様相を調査するために、まずは方法を検討したい。形をもたず言語化がしにくいという性質をもつ"関係性"を捉えるための方法論として、これまでにもさまざまな方法が検討されているが、そのうちの一つにイメージを用いた手法がある。たとえば、千葉（2016）は、関係性を捉えるための先行研究を整理して検討し、関係性のもつ非言語的側面や力動的側面が表れやすく、対象者が比較的自由に表現できる方法として、絵や図などのイメージを用いて関係性を表現する方法を挙げている。他にも、高木（2002, 2006）は、"本当の自分"と"本当の自分ではないような自分"の関係性を二つの円によって表す研究をしている。そこでは円の内外や距離などに着目して、関係性の様相

を検討する様子が述べられていた。これらの先行研究を踏まえると、絵や図などを用いて関係性を表現してもらうことで、そこで生じてくる位置や重なりなどのイメージ表現により、言語化しにくい関係性の様相が象徴的に表現されると考えられた。

　そこで本調査では、二つの円を用いて、聴き手自身がロールプレイの過程で体験した、聴き手と話し手の関係性を表現してもらう方法をとることとした。さらに、ロールプレイのプロセスにおける関係性の変化を捉えるために、関係性の動きを表現してもらう工夫をこらした。具体的には、ロールプレイのプロセスで聴き手が体験した関係について、話し手と聴き手を投影すると想定した二つの円を、自由に動かしつつ表現してもらうことを試みた。用具の詳細と具体的な手続きについては、次節の手続きの項で示す。

(3) 本章の目的

　そこで本章では、聴き手が悩みを聴いている際の関係性をどのように体験しているかを切り口にして、そこに生じてくる無意識的で力動的な聴き手のこころの動きを明らかにするために、第3章および第4章に引き続き、調査研究を通して検討する。まず、一つ目の目的として、悩みを聴く過程で聴き手に体験される関係性のイメージを表してもらった図を、専門家群と非専門家群の間で比較し分析することで、心理療法における専門的な関係性のもち方について検討することを試みる。そして、図とあわせて聴き手に対して実施したインタビュー調査の語りを分析することで、心理療法における専門的な関係性のもち方を聴き手が具体的にどう体験しているか検討することを二つ目の目的とする。そして本章全体を通して、上述した分析を切り口にして、より無意識的で力動的な心理療法における聴き手のこころの動きの様相を捉えることを試みる。

2. 方法

(1) 二つの分析

　本章で記載する調査データは、第4章で示したインタビュー調査の一環として

行ったものである。第4章にて扱いきれなかった、個々の関係性イメージの表現とその語りのデータをより詳細に分析するために、章を分割させていることをここに断っておきたい。

また、本章においては、関係性イメージを扱った部分を分析1、個々の専門家の語りを取り上げた部分を分析2として、二部構成の形で結果と考察を記述する。

(2) 調査対象者と手続き

調査は、第3章および第4章で検討された、ロールプレイとインタビューに引き続き行われた。手続きは、臨床心理士の聴き手から構成される専門家群と、大学生の聴き手から構成される非専門家群がそれぞれ、まず話し手から悩みを聴くというロールプレイを実施した(第3章で検討)。ロールプレイ終了後、話し手役の協力者に先に退室してもらい、聴き手役の調査対象者はそのまま部屋に残ってもらい、ロールプレイ過程の内的体験に関するインタビューを実施した(第4章で検討)。そして、さらにこのインタビューに引き続き、"ロールプレイの過程で聴き手が体験していた、話し手との関係性"について尋ね、そのイメージを図を用いて表現してもらう調査を実施した。この部分の調査内容と語りのデータを、本章での分析対象とする。なお、調査対象者、調査協力者は、第3章で扱ったデータと同様であるため、本章では省略する。

次に、関係性イメージを図を用いて表現する調査に関する用具の詳細と具体的な手続きについて示す。まず、用具については、聴き手と話し手との関係性を捉えるために、直径10cm、15cm、20cmの三つの円を2セット用い、それぞれ聴き手と話し手を表すものとして使用した。手続きについては、ロールプレイ後のインタビューの中で、聴き手役の調査対象者に、話し手を表す円と、聴き手を表す円を、それぞれの実感に合う大きさのものをまず一つずつ選んでもらった。続いて、両者が一番関わっていたとき、関わっていなかったとき、全体を通しての関わりのイメージを、自由に二つの円を用いて表現してもらった。その際に、二つの円のサイズを変更すること、位置を動かすことは自由に判断して行ってもらった。その後、表現したイメージについて自由に語ってもらい、そのイメージの際に生じていた体験について調査者から尋ねるという流れで調査を実施した。

これらのインタビューはICレコーダーで録音をし、関係性イメージの図は写真で記録した。

なお、予備調査にて、上述の三種類の大きさの円を2セット用意し、その中から聴き手と話し手を表す円を選んでもらい、話し手と聴き手が関わっていたとき、関わっていなかったとき、全体を通してどのように体験していたかを表現しながら語ってもらった結果、問題なく表現することができるという協力者の語りが得られたため、これらの円を本調査でも用いることにした。

3. 分析1──結果と考察　関係性イメージの様相

(1) 図の整理

　本章の目的の一つは、聴き手は話し手との関係をどのように体験しているかを明らかにすることであった。そこで、体験している関係性を"動き"として捉えるために、インタビューデータと写真記録をもとにしながら、関係性イメージの図を動きがわかるように筆者が再構成して、矢印や線などを用いながら図示した。そして、そのイメージを簡潔に表す言葉を【　】の中に示し、それを説明しているインタビューの語りを抜き出して表5-1と表5-2にまとめた。なお、ここではインタビュー内容の要約を載せているが、実際にはインタビューの記録を見つつ、恣意的なものとならないように注意を払いながら写真記録からの再構成を行った。

　また、今回の調査対象者となった、専門家の聴き手12名と非専門家の聴き手12名は、同一の話し手と対応するように、A～Lまでラベルをつけている。つまり、話し手Aの聴き手は、専門家Aと非専門家Aとなるといった具合で対応関係が生じている。また、表5-1、表5-2では、聴き手を濃い円で、話し手を薄い円で示し、動きを矢印などを用いて表現して再構成している。表内の円の大きさも、実際に使用した直径10cm、15cm、20cmの三つの円に対応するように、小さい円、中くらいの円、大きい円の三種類で再構成している。

表5-1 専門家群の関係性イメージとインタビューの語り

ケース	関係性イメージ	インタビュー内容（抜粋・要約）
A	話 ← → 聴	【近づいたり遠ざかったりするイメージ】 • 聴き手が近づいたり、話し手が聴き手の言葉に反応したり、その逆も。 • 話し手が聴き手の言葉に反応して黙って考えていたとき（離れていたとき）に、一番関わっているイメージがあった。 • 近づいたことで互いに心地よい感覚はあるが、深いところや大事なところには近づけていないイメージ。
B	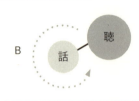	【話し手の周りをまわるイメージ】 • 起こっている現象をよく見ようとして動いている。 • 話し手が本質的なところを話されたとき、聴き手と話し手の間に強い直線のようなものが生じ、一番関わっているというイメージがあった。 • 自分が一歩ひいて話を聴いているときがあり、自然に連想に入れず、ぐーっと離れている感覚になった。
C	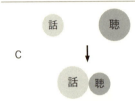	【大きさ・距離が変わるイメージ】 • 最初は話し手が自分に閉じこもって自己循環して小さくなっているイメージで聴き手を頼れていない。 • 話し手が自分で自発的に話したり考えたりするのを聴いているようになる。話し手が大きくて、聴き手は話せる余地を残して小さくなるイメージ。
D	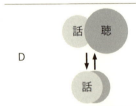	【重なりの程度が変わるイメージ】 • 聴き手が主導したり情報を聞いたりするやりとりのとき、情緒的なやりとりの感触がなく表面的。 • 話し手が表出したしんどさや情緒に触れられたとき、深く関わった感触がある。聴き手が話し手を支えるという意味で下にいるイメージ。
E		【重なりの程度が変わるイメージ】 • 出会って最初の接点があるぐらいのところからスタート。 • 聴き手が下に入っていき、その上で話し手がくっきりしていくイメージ。完全に重なることは別個の人間なのでないが、聴き手の考えているテーマを話し手が言葉にしたときに、重なりが大きく一致しはじめたと感じた。
F	話　聴	【変わらないイメージ】 • プロとして重なったらダメ。ただ人と人が会っている感じ。

第5章　専門家と非専門家の関係性の捉え方の違い

ケース	関係性イメージ	インタビュー内容（抜粋・要約）
G		【重なりの程度が変わるイメージ】 ・聴き手という存在が前に出すぎることなく、徐々に重なりが大きくなって入っていくイメージ。 ・聴き手が切り込んだとき（情緒にふれたとき）、話し手がふっと距離をとったので、聴き手も離れたときがあった。このときは、聴き手の存在も大きくなった。
H	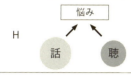	【変わらないイメージ】 ・悩みやなにかしらある、話し手が見ているものを、横に並んで見ているイメージ。 ・聴き手は引っ張ったり言葉を言う存在ではない。
I		【変わらないイメージ】 ・全体を通して変わらないイメージ。聴き手がいて、話し手を眺めているという感じ。相手の全体像が見えるように離れている。
J	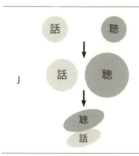	【近づいていき、立体的に重なるイメージ】 ・最初の出会いは別個の人間として距離を見計らっているイメージ。 ・少し相手のことがわかってきたら、聴き手が話し手よりもいろいろな意味を考えているということで大きくなる。少し離れていないと考えられないので、同じ直線上にはいるが重ならない。 ・聴き手はいろいろな可能性を考えている。話をどうまとめるか、どうつながっているかを考えるときは、もう一人自分がいて上から見ているイメージで立体的に重なる。
K	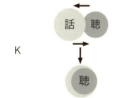	【近づいたり遠ざかったりするイメージ】 ・相手に沿って聴くのである程度接していて、そこから近づいたり遠ざかったりするイメージ。 ・話し手の悩みの核みたいなものを、きゅっとつかみ、きゅっと入るイメージ。そのときにふれられる感じ。
L	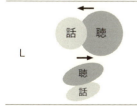	【重なりの程度が変わるイメージ】 ・重なりの程度が変わるイメージ。特に転移が起こっているときは近くなる。ただし、ぴったり重なることは引き込まれてしまうことになるので違い、解釈で距離を離すこともあった。 ・聴き手がどうまとめようかと考えていた時には、接触せず考えた時間があり、接触はしていないが観察はしていたので立体的に重なるイメージがあった。

表5-2 非専門家群の関係性イメージとインタビューの語り

ケース	関係性イメージ	インタビュー内容（抜粋・要約）
A	話　聴	【変わらないイメージ】 ・同じような立場で年齢も近いから全体的にこのくらいの距離感だった。
B	話聴	【変わらないイメージ】 ・隣に並ぶイメージ。自分と違うなと思うのがなく、距離を感じない。共感し合えるところはぴったり同じ大きさですぐ横にいる。
C	話　聴 ↓ 話　聴	【距離が変わるイメージ】 ・自分は悩みをどうにもしてあげられず、無力で小さい存在。最初はすごく離れていたが、悩みが自分と同じようなとき、親近感を覚えて少し近づいた。
D	話聴	【話し手の周りをまわるイメージ】 ・浅いところはカバーしたが、深くは踏み入っていないイメージ。
E	話　聴 ↑↓ 話　聴	【大きさが変わるイメージ】 ・同じ立場で同じような悩みだったので、距離感は近くて一緒ぐらいの大きさのイメージ。 ・相手の方がよく考えていてすごいなと感じたので、距離感は変わらないが、自分の方が小さく感じることがあった。
F	話　聴 ↓ 話聴	【距離・大きさが変わるイメージ】 ・最初は聴き手で受け身のスタンスなので小さめだが、徐々に親近感が出てきて悩みがかぶっていたという意味で重なりが出るイメージ。
G	話　聴 ↓ 話聴	【距離・大きさが変わるイメージ】 ・最初はアドバイスをあげないといけないと思うので自分が大きいイメージ。相手が近づいてきて、話を聴いているうちに自分と重なってきて等身大になるイメージ。

第5章　専門家と非専門家の関係性の捉え方の違い

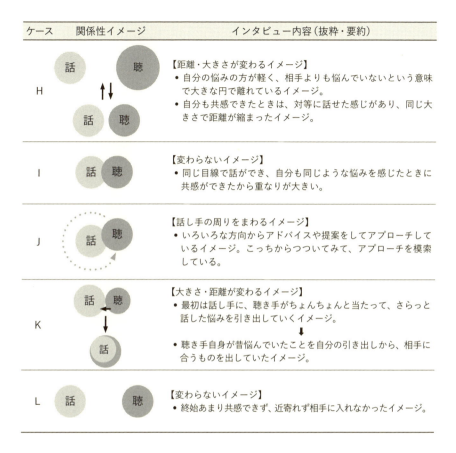

(2) 視点の抽出

　関係性の"動き"を検討するために、表5-1と表5-2を見ながら、ポイントとなる視点を抽出した。ここでは、筆者単独による恣意的な視点抽出とならないように、心理臨床の実践を行う専門家1名と一緒に検討を行った。

　その結果、抽出された"動き"のポイントとなる視点として、1. 距離、2. 大きさ、3. 重なり、4. その他の動きの四つの視点が抽出された。続いて、関係性イメージの動きを参考にしながら、四つの視点ごとにインタビューの語りを分類し、それを表5-3〜表5-8にまとめた。以降では、これらの表に沿って体験プロ

セスの様相を考察する。

なお、4. その他の動きの視点には、専門家群では「まわる」「直線」の動きの体験が、非専門家群では「まわる」「当たる」の動きの体験がみられたが、得られた数が少なかったため、考察を割愛した。

（3）聴き手における関係性をめぐるこころの動き

聴き手は、話し手の悩みを聴いている過程で、話し手との関係をどのように体験するのだろうか。ここでは、専門家群、非専門家群それぞれの聴き手の体験について、分類の結果得られた、1. 距離、2. 大きさ、3. 重なりの三つの視点から、順にその様相を考察する。

1）距離

ここでは、聴き手が、"距離"という動きのイメージで体験した、話し手との関係性の性質について考察する。

ⅰ 専門家群における聴き手の体験(表5-3)

今回整理された結果からは、心理療法における聴き手には、聴き手が話し手に"近づいていく"動き、聴き手も話し手も"遠ざかっていく"動き、距離が"変わらない"という三つの動きが体験されていた。以降で、それぞれの体験について検討していきたい。

まず、聴き手が話し手に近づいていく動きを考察する。近づいていく動きを表現したのは、AとJの2名であった。ここで"近づいていく"と表現されたものは、何に近づいていくこととして体験されているのだろうか。Aは話し手に近づくことで「互いに心地よい感覚」が生じると体験しており、Jは「話し手のことがわかっていく」につれて徐々に近づいていく感覚があると体験している。これらを見ると、ここで体験された"近づく"という感覚は、相手を理解することで心理的距離が近づき、なめらかで心地のよい関係性が築かれていくような体験であると考えられないだろうか。他者同士である二人の人間が、徐々に理解をしていくことで、互いの心理的距離が近づいていくような体験と言えるだろう。これは、

第5章　専門家と非専門家の関係性の捉え方の違い

表5-3　専門家群における距離のイメージ

視点	図の表現	担い手	インタビューの内容	ケース
距離	近づいていく	聴き手	近づいたことで互いに心地よい感覚はあるが、深いところや大事なところには近づけていないイメージ。	A
			最初は距離を見計らっていたところから、話し手のことがわかってきたら近づいていく。	J
	遠ざかっていく	聴き手	聴き手が話し手の情緒にふれたときに、話し手が距離をとったので、聴き手も離れた感覚があった。	G
			自分が一歩ひいて話を聞いているときがあり、自然に連想に入れず、ぐーっと離れている感覚になった。	B
		話し手	聴き手の言葉に反応して話し手が黙っていたときが、向こうの反応として遠ざかっていた感覚。そのときが一番関わっていたと感じた。	A
			聴き手が切り込んだとき（情緒にふれたとき）、話し手がふっと距離をとった感覚があった。	G
			ぴったり重なると引き込まれてしまうので、解釈をして距離を離した。	L
	変わらない		プロとして重なってはいけない。	F
			悩みやなにかしらある、話し手が見ているものを、横に並んで聴き手も一緒に見ている。	H
			聴き手がいて話し手を眺めている。相手の全体像が見えるように離れている。	I

　心理臨床において重視される、"ラポールの形成"に類似する体験と考えられる可能性がある。今回のロールプレイが初回面接を想定したものであると考えると、今後の治療同盟のためには、お互いに心理的距離を縮めて信頼関係を築いていくプロセスは、両者にとって必要なことである。それゆえ、AおよびJが体験したような"近づいていく"体験が生じてくることは、想定される流れである。

　しかしその一方で、Aは相手に近づいていくものの、「深いところや大事なところには近づけていない」とも語っている。心理的距離を縮めても、あるいは心理的距離を近づけるからこそ、深い部分には近づけないような体験とはどのようなものだろうか。ここには、次の遠ざかっていく体験にも手がかりが隠されていると考えられるので、論を進めていきたい。

　続いて、"遠ざかっていく"体験を考察していく。ここでは、聴き手と話し手の両者ともに、遠ざかるという行為の担い手として感じられていた。特に、話し手が遠ざかったと感じたのは、A、G、Lである。彼らの語りによれば、話し手

が遠ざかる契機となったのは、聴き手が話し手の「情緒にふれたとき (G)」、聴き手が「切り込んだとき (G)」、「聴き手の言葉に反応し (A)」たとき、聴き手が「解釈をし (L)」たときであると述べられている。これらはすべて、話し手が遠ざかる契機となった場面の語りであるが、ここで語られているような、聴き手が話し手の情緒にふれたり、解釈につながるような言葉を投げかけたりして、それに対して話し手が何らかの反応をするという状況自体は、心理療法の展開を捉える視点から見れば、より深い部分にふれて展開が進んだときだと考えられないだろうか。そのような視点からこの結果を検討すると、ここでは非常にアンビバレントなことが生じていると考えられる。つまり、関係性の上では、話し手がやや遠ざかるように感じられているにもかかわらず、心理療法のプロセスとしてはむしろ重要な展開が生じている瞬間として考えられるのである。言い換えれば、この瞬間には、上述したような単に心理的距離を縮めるのではない関係性が体験されていると考えられるのである。

　ここから、心理療法場面において、"距離"として表されたイメージの中には、主に二種類の関係性が存在すると考えることができるだろう。一つは、今回の語りの中で、"近づいていく"動きとして表現された関係性である。これは、相手を理解したり心理的距離が近づいたりするような、二人の人間の間の円滑なやりとりには欠かせない関係性であると考えられる。もう一つは、今回の語りの中で、"遠ざかっていく"動きとして表現された関係性である。表面的には遠ざかっていくように見えるのだが、遠ざかっていく契機となったプロセスを検討したところ、そこでは、心理療法としては一種の深まりが生じていると考えられた。そのため、むしろ"遠ざかっていく"と体験される場面では、無意識的には聴き手と話し手の距離が深いところで近づくことが生じているのではないかとも考えられる。河合 (1992) によれば、深層心理学における転移・逆転移での関係性とは、「クライエントと治療者とが横につながるのではなく、両者ともに、それぞれの深みへとつながってゆくことによって、つながる、という感じなのである」(p.220) と述べられている。このように、遠ざかると体験された場面では無意識的に両者の関係が近づき、心理療法の深まりが生じているのではないだろうか。そして、今回の結果から示唆されたように、これは、距離として遠ざかって初めて、つまり、

話し手と聴き手の間に距離が生じて初めて、意識的に気づくことができるような、深い部分で動いている関係性であるとも考えられる。このように、心理的距離が縮まっていくというような、意識的な部分で生じている関係性に加えて、より深い部分で無意識的に進展している関係性も存在していると考えられ、聴き手はどちらの性質にも開かれて心理療法の場面の関係性を体験していることが示唆された。

　それに加えて、F、H、Iのイメージにみられたように、距離が"変わらない"こともまた、聴き手には体験されていた。この3名は、二つの円を動かすことなく、一定の距離を保ったままで関係性を表現していた。ここでは、"距離"としての表現はみられなかったものの、その代わりにHとIは、「眺めている」「見ている」という特徴的な語りを残している。そこで、この"見る"という表現で語られたこころの動きに着目してみたい。"見る"という体験は、見る行為の主体と見られる側の客体との間に、一定の"距離"があることが求められる。なぜなら、近づきすぎても遠すぎても、対象を見ることができないためである。このような意味では、"見る"ことを可能とするためには、話し手の表現によって聴き手が惑わされることなく、一定の位置を保っておく必要があると考えられ、F、H、Iの3名に表現されたイメージもまた、心理療法の関係性においては、重要となってくると想定される。横山（1998）によれば、ある心理療法場面での、「彼女の世界、苦悩にできるだけ共感的に入り込もうとする態度とその時の自分および彼女の織り成す関係を、病態水準も含めて冷静に眺めている態度」(p.3)を例に挙げ、「この2つの態度は治療者にいつも要請されること」(p.3)と述べている。このように、心理療法においては、上述のような話し手との距離感に応じていく体験と同時に、ここでみられたような話し手とやや距離を置いて眺める体験が両方とも聴き手にはなされていると考えられる。それによって、話し手の全体像を常に捉えておく試みが可能となると言えるのではないだろうか。

　このようなことから、"距離"のイメージは、二人の間に生じている関係性の質を反映しやすいと考えられる。ここでみられた関係性は、心理的距離が縮まっていくような意識的な部分で生じる性質のものと、無意識的に進展している関係性の質があり、これらのように、実際に聴き手が関係に巻き込まれていく一方で、

聴き手が話し手を"見る"ために距離を置いておくといった関係性のあり方も示された。

ii 非専門家群における聴き手の体験(表5-4)

非専門家群では、聴き手と話し手の両者がその行為の担い手となって、距離が"近づいていく"という体験が表現されたり、両者の距離が"変わらない"という体験が表現されたりした。

まず、"近づいていく"体験について検討する。聴き手が"近づいていく"という体験をしたのは、CとHであった。彼らによれば、"近づいていく"体験をするときとは、聴き手が話し手に「親近感」や「共感」を覚えるときだと語られている。池田ら (2013) によれば、青年期の親密な人間関係の形成には、相手と何かを共有する行為が関連するとされているが、今回見られた「親近感」や「共感」も、話し手と聴き手の間に共有するものが存在し、両者の同質性が高まる状態だと考えられる。つまりここでは、相手と何かを共有することで、心理的距離が縮まるという体験がなされていると考えられる。このような体験は、心理療法における、ラポールの形成に近い性質もあると考えられるが、何を共有するかという点については、厳密には専門家群と非専門家群の間には差異があると想定されるので、

表5-4 非専門家群における距離のイメージ

視点	図の表現	担い手	インタビューの内容	ケース
距離	近づいていく	聴き手	最初はすごく離れていたが、悩みが自分と同じようなとき、親近感を覚えて少し近づいた感覚があった。	C
		聴き手	共感できたときは、対等に話せた感じがあり、距離が縮まったイメージ。	H
		話し手	相談するということで相手が近づいてきたイメージ。	G
	変わらない		同じような立場で年齢も近いから全体的にこのくらいの距離感だった。	A
			隣に並ぶイメージ。自分と違うと思うことがなく、距離を感じなかった。共感し合えるところはぴったり同じ大きさですぐ横にいる感覚。	B
			同じ立場で同じような悩みだったので、距離感は近くて変わらない。	E
			終始あまり共感できず、近寄れず相手に入れなかったイメージ。	L

第5章　専門家と非専門家の関係性の捉え方の違い

本項の最後で考察を加えたい。

　また、非専門家群では、専門家群でみられたような"遠ざかっていく"という体験が生じなかった。ここから、専門家群にみられたような二種類の関係性の質のうち、非専門家群では、心理的距離が縮まっていくような意識的な部分で生じる性質のもののみが体験され、より深い部分で無意識的に進展していくような関係性は体験されていないことが示唆された。これは、両者の間で、体験される関係性に違いがみられる興味深い点である。ただ、非専門家群の聴き手には、この体験がそもそも無いのか、意識されていないだけなのかという点については、以降の検討が求められる。

　また、距離が"変わらない"という体験は、A、B、E、Lの4名が体験していた。そのうち、A、B、Eの語りによれば、「近い距離のまま」、Lは「距離が遠いまま」、関係性が動いていなかったと体験されている。関係性が近い距離のまま動かず感じられたという体験では、立場や悩みが「同じよう」だと体験されていることに着目したい。ここでも、上述した"同質性"が体験され、それが近い距離のまま留まるイメージになっていたのではないかと考えられる。さらに、そこで共有されるものは、「同じような悩み(E)」や、「同じような立場(A)(E)」などと表現されており、必ずしも同じ気持ちを共有するわけではないことも特徴的であろう。一方で、Lのように相手に"同質性"を感じにくい場合には、遠い距離のまま変わらないイメージとして関係性が体験されるのであろう。つまり、非専門家群においては、聴き手が話し手に自分との同質性を感じるか否かで距離が変わってくると言えるのである。さらに、非専門家群では、関係性を"距離"として表現したうちのおよそ半数が、そこに"動き"を体験していない点にも、専門家群との違いが表れているとも言える。つまり、動きのあるものとして両者の関係性を捉えやすいのは、専門家群に特徴的なこととして考えられるのである。

　このように、非専門家群の聴き手の"距離"のイメージからは、話し手との間に同質性を感じることによって、話し手との距離が近いものとして体験されることが示唆された。つまり、同じような悩みや立場といったように、話し手と実際に何かを共有することによって、心理的距離が縮まると体験されていると考えられる。上述したように、一見すると両群どちらもラポールを形成している場面の

ように思われるが、実際に何かを共有して心理的距離を縮めるのか否かという点で、専門家群における、心理的距離の縮まる体験とは異なるものであると言えるだろう。また、話し手との関係性をそもそも"動き"としてイメージする者が少ないことや、無意識的な部分で進展する関係性へのイメージが見受けられないことも専門家群との違いと考えられた。

2) 大きさ

ここでは、聴き手が"大きさ"というイメージで体験した、話し手との関係性の性質について考察する。

ⅰ 専門家群における聴き手の体験（表5-5）

ここでは、聴き手が"小さくなる"という表現と、聴き手と話し手が"大きくなる"という表現がなされていた。聴き手には、小さくなるイメージと大きくなるイメージがどちらも投影された。

まず、聴き手が"小さくなる"イメージを体験したのは、C、G、Hであった。

表5-5　専門家群における大きさのイメージ

視点	図の表現	担い手	インタビューの内容	ケース
大きさ	小さくなる	聴き手	自分で考えて自発的に話しているのを聴いているときは、聴き手が小さくなるイメージ。	C
			聴き手という存在が前に出すぎることはないという意味で小さい。	G
			聴き手は引っ張ったり、言葉を言う存在ではないという意味で小さい。	H
	大きくなる	聴き手	情緒的なやりとりがなく、聴き手が主導で質問などをしているときは聴き手は話し手よりも大きくなるイメージ。	D
			聴き手が切り込んで話し手の情緒にふれたとき、聴き手の存在が大きくなったイメージ。	G
			聴き手が話し手よりもいろいろな意味を考えているという意味で大きくなる。	J
		話し手	話し手が自分に閉じこもって自己循環して小さくなっていたのが、自発的に話せるようになって大きくなっていったイメージ。	C

小さくなる契機としては、話し手が「自発的に話しているのを聴いているとき(C)」や、聴き手の「存在が前に出すぎていないとき(G)」、聴き手が「引っ張ったり、言葉を言う存在ではないという意味(H)」と表現されている。基本的には、心理療法の場は、クライエント(話し手)の主体の動きを尊重していく場であるために、セラピスト(聴き手)はクライエント(話し手)の動きに沿ったものとなりやすい。これが、聴き手が小さくなっているイメージとして表現されているのかもしれない。これは、第2章でもみられたような、クライエントの表現を妨げず、かつ関与しているという意味の"見守る"体験に近いものがあると考えられる。

一方で、聴き手が"大きくなる"イメージは、D、G、Jが体験していた。大きくなる契機としては、聴き手の方が「主導で質問などをしているとき(D)」や、「切り込んで話し手の情緒にふれたとき(G)」、さらには「話し手よりもいろいろな意味を考えているとき(J)」が挙げられた。上述のように、基本的には、セラピスト(聴き手)はクライエント(話し手)のこころの動きを見守っている存在であるのだが、時には主導で質問をしたり、切り込んだりするような役割をとることもある。そのように、聴き手側のより具体的で実際的な関与が生じる場面では、その場で聴き手の主体が際立つような体験として感じられ、"大きくなる"イメージが喚起されやすいのだと考えられる。その一方で、現実的に関与しない場合であっても、Jが、聴き手は話し手よりも「いろいろな意味を考えている」存在という意味で、"大きい"イメージと述べるように、心理療法における聴き手は常に多角的な視点を併存させて、全体を見ておこうとする立場でもある。このような意味では、実際の関与はせずとも、能動的に自らの主体を関与させていると言えるため、聴き手自身の主体が大きいイメージで体験される場合もあるのだと考えられる。また、Cの語りによれば、話し手が大きいイメージになるのにしたがって、聴き手が小さいイメージになっており、その場で体験される主体の動きに合わせて、相互作用が起きていると考えられる。

このように、"大きさ"のイメージでは、話し手と聴き手の関係性における、主体の関与の感覚が表現されていると考えられる。特に、聴き手(セラピスト)の受動的関与と能動的関与の感覚が、両者の大きさのイメージに反映されていると考えられる。そして、それに応じてまるでシーソーのように動く両者の関係性が

キャッチされ表現されている。今回インタビューにて尋ねたことは、聴き手のこころの動きとしての内的な体験過程ではあったが、聴き手の視点から見たイメージが表現されているだけでなく、むしろ聴き手と話し手の主体の動きの相互作用を視野に入れた、面接空間全体における二人の動きがイメージとして表現されていると考えられる。このように、その場で生じていることの全体を見て、円の大きさでそのバランス関係を表現していることが専門家群の特徴だと考えられる。

ii 非専門家群における聴き手の体験（表5-6）

　ここでは、聴き手のイメージが"小さいまま変わらない"体験と、聴き手が"小さくなる"体験、聴き手が"大きくなる"体験が表現された。

　まず、聴き手のイメージが小さいまま変わらないと体験したCとEについて検討する。彼らの語りを見ると、聴き手の「無力感（C）」や「自信のなさ（E）」が小さい円のイメージに投影されていると考えられる。

　一方、G、H、Fについては、大きさのイメージに動きが体験されていた。聴き手が小さくなると体験していたGとHは、はじめは聴き手側を大きいイメージとして投影していたが、徐々に小さくなるイメージに変わったようである。大きなイメージに感じられた理由として、「アドバイスをあげる存在（G）」「自分の方が悩んでいないため（H）」ということが挙げられている。しかし徐々に、話し手と

表5-6　非専門家群における大きさのイメージ

視点	図の表現	担い手	インタビューの内容	ケース
大きさ	小さいまま変わらない	聴き手	自分は悩みをどうにもしてあげられず、無力で小さい存在のまま。	C
		聴き手	相手の方がよく考えていてすごいと感じたので、自分の方が小さく感じることがあった。	E
	小さくなる	聴き手	最初はアドバイスをあげないといけないと思うので、自分が大きいイメージだったが、話を聞いているうちに自分と重なってきて等身大になるイメージ。	G
		聴き手	自分の悩みの方が軽く、相手よりも悩んでいないという意味で大きな円のイメージだったが、共感できて対等に話せたときは同じ大きさになったイメージ。	H
	大きくなる	聴き手	最初は聴き手で受け身のスタンスなので小さめだが、徐々に親近感が出てきて大きくなるイメージ。	F

第5章　専門家と非専門家の関係性の捉え方の違い

の間に「自分との重なり(G)」や「共感(H)」が感じられるようになると、等身大で対等のイメージとして円が小さくなっていったと考えられる。一方、聴き手が大きくなると体験していたFは、はじめは「受け身のスタンス(F)」のため、聴き手側が小さいイメージであったが、徐々に「親近感(F)」が出てくると大きくなり、対等なイメージになるようである。

　これらによれば、聴き手が"大きい"というイメージには、聴き手が「アドバイスをあげる存在(G)」であることや、「自分の方が悩んでいない存在(H)」であることが表現され、聴き手が"小さい"というイメージには、聴き手の「無力感(C)」、聴き手の「自信のなさ(E)」、聴き手の「受け身(F)」性が表現されたと言える。これらの語りを見ると、非専門家群の大きさのイメージには、聴き手の余裕や立場、役割が投影されていると考えられるだろう。聴き手側に余裕や自信があったり、自分の方が優位な立場にいると感じられたりする場合には、大きいイメージで捉えられ、そうでない場合には小さいイメージで捉えられやすいと考えられる。

　また、F、G、Hが語るように、話し手との間に「親近感」や「共感」が生じてくる動きが、"距離"のイメージと同様にここでも指摘され、聴き手が話し手との間で同質性を感じることで、大きさのイメージも、等身大の対等なイメージを体験することにつながっていると示唆された。

　このように、非専門家による相談において、"大きさ"で表現されたものには、話し手と聴き手のパワーバランスや立場といったものが反映されるとともに、聴き手の自己効力感や自信のイメージが投影されると考えられる。友達同士という関係性においては、うまくいけば悩み相談を通して、親近感や共感が生じて関係を進展させることにつながると考えられるが、その一方で、話し手の話を聴きながら、聴き手自身が自分のコンプレックスを刺激されて劣等感を抱く可能性や、無力感や傷つきが生まれる可能性があるとも考えられる。それが今回の調査によって、自分自身の側の円が小さいというイメージで表現されていたと言える。これは、日常的な関係性でも同様で、人は他者との関わりの中で、自らのコンプレックスを刺激されたり無意識のうちにパワーバランスを感じ取ったりすることがしばしば起こりえるのではないかと考えられる。

しかし、専門家群では、このような聴き手側の劣等感や自信のなさというイメージは、今回の調査では一切表現されず、むしろ話し手と聴き手の間の主体の動きが投影されていたという事実がある。これは、心理臨床家がより構造化した関係性を築くなど、関係性のあり方自体が異なるためとも考えられる。また、教育分析を行うなどして訓練を積んでいるために、聴き手自身の自信のなさや劣等感などを超えて、純粋に話し手の主体の動きを追おうとする試みが可能になると考えられる。そのように考えると、専門家と非専門家の間では、築かれる関係性のありようが異なる可能性が示唆され、この部分もまた、基本的ではあるが重要な専門性の一要素であると言えるだろう。

3)重なり

ここでは、聴き手が"重なり"というイメージで体験した、話し手との関係性の性質について考察する。

表5-7　専門家群における重なりのイメージ

視点	図の表現	担い手	インタビューの内容	ケース
重なり	重なっていく	聴き手	話し手が表出したしんどさや情緒にふれられたとき、深く関わった感触があり、聴き手が話し手を支えるイメージで重なる。	D
			聴き手が下に入っていき、その上で話し手がくっきりしていく。聴き手の考えているテーマを話し手が言葉にしはじめたときに、重なりが大きく一致しはじめたと感じた。	E
			聴き手という存在が前に出すぎることなく、徐々に重なりが大きくなる。情緒に切り込んでいく。	G
			話し手の悩みの核のようなものをきゅっとつかみ、そこにきゅっと入るイメージでふれられた感覚があった。	K
			重なりの程度が変わるイメージ。特に転移が起こっているときは重なっている。	L
	立体的に重なっていく	聴き手	話をどうまとめるか、どうつながっているかを考えるときは、もう一人自分がいて上から見ている感覚。	J
			どうまとめようか考えていたときには、接触せずに考えた時間があった。接触はしてないが、観察はしていたので立体的に重なるイメージ。	L

i 専門家群における聴き手の体験(表5-7)

聴き手と話し手の"重なり"のイメージは、聴き手が"重なっていく"という表現と、聴き手が"立体的に重なっていく"というイメージを中心に、数多くの語りがみられた。専門家群では、この"重なり"のイメージが特徴的であると考えられるかもしれない。

まず、"重なっていく"という動きの担い手はどれもが聴き手であることから、聴き手の何かが話し手の何かに重なっていく体験がされているのだと考えられる。ここで語りを丁寧に検討してみると、重なっているイメージが喚起される場面では、「情緒にふれる(D、G)」、「考えていることが一致しはじめる(E)」、「核のようなものをつかむ(K)」という語りがあることがわかる。ゆえに、ここでは、話し手の感情や思いにふれ、考えや思いが一致しはじめ、核心的なテーマをつかむことが生じていると考えられる。これはつまり、話し手への理解が深まった瞬間であると考えられ、別個の人間であるはずの話し手(クライエント)と聴き手(セラピスト)の間に重なりが生じることになっているとも捉えられる。聴き手自身の感情や理解が話し手のありように重なる体験が生じていると考えられるだろう。それが、今回の調査では、両者の円が重なっていく様子として表現されたのではないかと想定される。また、Lが「転移」が起こっているときには、重なりの程度が大きくなると指摘していることから、第2章のユングの逆転移理論にみられたように、主客の区別ができないほどの深い次元での相互作用が生じている状態を示しているとも考えられる。それが円の重なりとして表現されているのではないだろうか。

さらに、立体的な重なりが表現されたこともまた、専門家群における特徴であった。立体的な重なりをイメージした、JとLの語りからは、聴き手が「どうまとめるか」を考える際にこの体験が生じていることが示唆される。ここから、話し手との円の重なりはありつつも、聴き手の方がやや俯瞰した視点をもちつつ、より全体を捉えようとしているときの体験と理解することができる。これは、第4章でも専門家群での特徴的なあり方として示された、俯瞰的な視点の様相が、話し手との体験の中では立体的な重なりのイメージとして表現されたということでもあるだろう。

このように、話し手の感情や思いにふれ、核心的なテーマをつかみ、そこに聴き手自身の感情や理解を重ねる体験とともに、全体を捉えるような俯瞰的な視点ももち、それらが同時に体験されていることが示された。ここでみられた"重なり"の表現には、聴き手と、話し手とが交じり合って、融合的な状態が生じているような状態と、それをなんとか視野に入れようとする俯瞰的な状態とが、どちらも体験されている可能性がある。

　ただ、いかに他者の感情や思いにふれ、いかに自らの感情を重ねて、相手を理解することが可能となるのかについては、依然として疑問が残されたままであり、"重なり"が生じる瞬間の体験について、さらなる検討が必要であると考えられる。

ⅱ 非専門家群における聴き手の体験(表5-8)

　非専門家群における重なりの体験は、専門家群とは異なり、"動き"として重なりを捉えたのはFだけであり、それ以外は重なったままであるという体験の者が2名いるだけであった。

　ただ一人の"重なっていく"体験をしたFの語りによれば、重なる契機となるのは「悩みがかぶっていることがわかる(F)」ことであった。前述の専門家群の"重なり"が、情緒にふれて、感情や理解を重ねていく体験だったのに対して、非専門家の聴き手にとっては、悩みの共有が"重なり"として体験されていたという違いがみられる。非専門家群の"距離"に投影された体験においても、互いの経験や悩み自体の共有が契機となっていたことと同様、ここでも、悩みの共有自体が相手との"重なり"を生み出していたことが特徴的であったと言える。"重なり"

表5-8　非専門家群における重なりのイメージ

視点	図の表現	担い手	インタビューの内容	ケース
重なり	重なっていく		徐々に悩みがかぶっていることがわかってきて、重なりが出るイメージ。	F
	重なりが変わらない		自分の引き出しから相手に合うものを出していたイメージ。	K
			同じ目線で話ができ、自分も同じような悩みを感じたときに共感ができたから重なりが大きいままだった。	I

という同一のイメージであっても、専門家群と非専門家群の間では、微妙に異なる体験がなされていることが明らかとなった。

　また、"重なりが変わらない"という体験をしたKとIの語りによれば、「自分の引き出しから相手に合うものを出す(K)」状態や「同じような悩みを感じて共感できる(I)」状態が続いたことで、相手との重なりが保たれたままであったされる。つまり、ここでも、聴き手自身と話し手との間に同じ悩みや経験を共有する体験が"重なり"として表現されていると考えられる。

　ここから、非専門家群における重なりとは、相手と自分が同じ何かを共有するイメージに近いと考えられる。今回の調査で挙げられたのは、同じような悩みや同じような経験であり、実際に聴き手が自分の側にそれをもっているときのみ、同じ何かが共有できると体験されて重なりが大きくなるのだと考えられた。このように、非専門家群に"重なり"として体験されるためには、聴き手側が実際に、話し手と同じ経験や事柄をもっていることが前提となってくると考えられ、ここには専門家群との違いが見受けられた。

(4) 各群の関係性のあり方とこころの動きの特徴

　ここまで、悩みの聴き手と話し手の関係性の様相を捉えるためのポイントとなる視点を抽出し、その視点ごとに専門家と非専門家の体験の違いを検討してきた。図を用いて各群の関係性イメージを問うことで、各群に通底する関係性の特徴が描き出されることとなったと考えられる。今回の図において、特にポイントとなった切り口は、両者の1. 距離、2. 大きさ、3. 重なりであった。これらの三点には、それぞれ、関係性の質、両者の関係性のバランス、共有の感覚などの体験過程が投影されていたと考えられる。ここではまず初めに、関係性のあり方全体についての考察を述べてから、各群の特徴を検討していきたい。

1) 関係性のあり方全体について

　まず、今回の調査を通して、1. 距離、2. 大きさ、3. 重なりという三つの切り口が専門家群と非専門家群の両者に共通して抽出されたという事実から、心理療法の中で体験される関係性と日常的にみられる関係性の中に、共通する層がいく

つか存在することが示唆された。その前提のうえで、それぞれの切り口で表現されたものが両群の間で異なる特徴を見せていたという結果からは、心理療法の中での関係性と日常的にみられる関係性には、異なる体験もまた生じていると考えられる。つまり、心理療法における関係性は、日常的な関係性と同じスペクトラム上にあり、共通する要素を複数もっていると想定され、それらの要素がさまざまに変化することで、関係性の違いとして体験されるのだと考えられる。それに加えて、専門家群と非専門家群の間に明確な差異がみられたという結果からは、心理臨床家としての関係性のもち方に一定の傾向が存在することを示していると言える。このような視点から、専門家群と非専門家群の関係性のありようを検討することによって、日常的に見られる関係性と心理療法の中でみられる関係性との異同が明らかにされ、そこでの内的な体験過程が示唆されると考えられる。続いて、今回の検討から考えられる特徴を以下に考察したい。

2）各群の関係性とこころの動きの特徴

まず、専門家群の関係性が非専門家群と共通するのは、相手との心理的距離を近づけて、なめらかで心地のよい関係性を築くところからスタートすることであろう。これは、一般的に想定される"円滑な関係性"と呼ぶものに近いと考えられるが、このような関係性をまずは築かないことには、関係性をベースとした心理療法がそもそも始まっていかないと言えるだろう。専門家として、関係性のもち方にさまざまな特徴がみられたものの、このような、心理的距離の近づいた信頼関係を築くことはその大前提として存在していると考えられる。

しかし、このような関係性の性質や築き方の過程には、両群において違いがみられた。非専門家群では、聴き手と話し手の間の「親近性」や「共通性」が距離を縮め、同質性を感じさせていたのに対し、専門家群での体験においては、この「親近性」や「共通性」がほとんど報告されなかったのである。互いに共通する事柄や経験を共有し、親近性を高めていくことで関係性が築かれる日常的な関係性とは違って、心理療法における関係性はどのように築かれるのであろうか。

今回得られた結果を見ると、専門家群において距離が近づいたと体験される場面では「相手のことがわかること」が生じ、重なりが生じたと体験される場面で

は「相手の情緒や思いにふれること」が生じていた。ここから、心理療法の場面では"実際の共通性や親近性を高めること"ではなく、"話し手の情緒や思いなどにふれて理解をすること"が、関係性を築くことにつながっていると考えることができる。つまり、同じ経験や事柄の実際的な共有を通して、同質性を感じていた非専門家群に対して、専門家群では、実際的な共有ではなく、情緒や思いの共有を通して相手を理解しようとすることが行われていると考えられるのである。言い換えれば、これは両群で、聴き手と話し手の間の接近の次元が異なっていると言えるのではないか。非専門家群では、実際の経験や悩みの共有に基づく接近の仕方をとっているために、間に置かれた具体物を通した間接的な接近をしていると考えられる。一方で、専門家群では、相手の情緒にふれることでその人自身を理解するという接近の仕方をとっているため、ある意味ではより直接的に相手の核心にふれようと接近していると考えられる。このように、専門家群における聴き手が体験する関係性とは、間にある経験や事柄を超えて、それらを体験している話し手の情緒を理解することで話し手自身を理解しようとするという意味で、二人が直接的に接近し合っているイメージを連想させる。

　逆に言えば、専門家群の接近の仕方は、実際的な経験や事柄の共有ではないため、"わかろうとすること"を通して、どこまでも深く共有することが可能な関係性であると考えられないだろうか。言い換えれば、同じ悩みや同じ経験をもっていなくても、話し手自身を理解しようとすることで、より深く関係が近づく可能性があるのだろう。このように、無意識的な領域で重なり合い、近づき合ってしまう可能性があるからこそ、専門家群で何度も指摘がみられた、「距離を遠ざける」や「眺める」、「立体的に重なる」などの体験過程のような、常に俯瞰する視点をもって関係性全体を眺めるような態度を両立しているとも言えるだろう。それゆえに、話し手の主体と聴き手の主体が刺激され合って、同質性が生じれば親密度が増すことにつながり、そうでなければ劣等感や傷つきなどが生じることになってしまう日常的な関係性とは違い、心理療法での関係性では、話し手の主体の動きだけを、聴き手が見守っていけると示唆されたと言えよう。このように、こちら側にすでに保持している実際的な経験や事柄を相手と共有するのではなく、相手を理解しようと試み、そこから生じた情緒や思いにふれることでより深

く関係性を築いていくあり方は、専門家群における聴き手に特有のこころの動きと言える可能性がある。

4. 分析2——結果と考察　専門家の語り

(1) 語りの質的検討の必要性

　前節の検討から、専門家群では、聴き手と話し手の間にある経験や事柄を超えて、より直接的に相手の情緒や思いにふれようと接近するような関係性を体験していることなどが考察された。ユングは、転移をクライエントとセラピストの心的体系が交じり合って生成されるものをも指すと考えていたが、前節の検討で得られた示唆は、まさにこの過程に通ずる手がかりとなると考えられる。直接的に核心にふれることのできるような、より深い次元での両者の間の交絡が生じることで、相手を理解することも可能となるのではないかと考えられるためである。

　しかしここで、"話し手の情緒や思いにふれてその人自身を理解する"という専門家群の聴き手のこころの動きがいかに生じるかについては、疑問が残ったままである。深い次元における両者の交絡があると想定されたが、実際にどのようにして体験されているのかは、明らかにできていない。そこで、この問いを検討するためには、専門家群の聴き手の内側に生じる体験過程について、さらに個別的な語りのデータをもとにして、質的な検討を加える必要があると考えられる。個別的な語りの中には、より具体的で迫真的なプロセスが存在すると想定されるためである。そこで、以降では、専門家群の聴き手2名のインタビューを取り上げ、話し手の情緒や思いにふれようと接近していく体験がいかに生じるかについて質的に検討することを試みる。

　ここでは、聴き手の内側で生じていた体験に関するインタビューの逐語録の文字数が最も多かった専門家群の聴き手BおよびEを取り上げる。その理由としては、本節では、インタビューにおける語りの質的検討を目的としているため、この2名は最も情報量が多く、細やかに自分自身の内的体験過程を語っていて、分析に相応しいと考えることができたためである。本節では、インタビューの語りの中でも、"話し手の情緒や思いにふれてその人自身を理解する"瞬間について

の語りを中心に、検討を加えたい。以降では、聴き手B、聴き手Eの順に、i.インタビューの語りの抜粋とii.語りの考察を示していく。

1）専門家群の聴き手Bのこころの動き
i インタビューの語りの抜粋

調査者：面接全体を振り返って、話を聴いていた際の内的な過程について教えてください。

聴き手B：セラピストはやっぱりだいたいかなり幅をもって聴かないといけないと思っていて、かなり人によって距離は変わると思うんですけど、やっぱり幅はすごくいるかなと思っているし、あともう一個、聴き手に対してモニターする自分みたいなのがいるので、それとの関係もすごいあって、自分のどの層が賦活されてるかっていうのはすごい結構意識にのぼらせながら聴けないといけないかなと思うので、聴きつつ自分の中で過程を考えつつみたいなことはすごいする感じですかね。

調査者：モニターする自分は常にいるのですか？

聴き手B：そうですね。（クライエントが）あんまりビビットなことをおっしゃられたときには、「わあー」って思うときもあるんですけど、それ以外は割といる感じです。（略）

調査者：ビビットなことをおっしゃるとは？

聴き手B：ある程度前提というか、予想しながら聴いているんですけど、（クライエントが）すごく内容としてビビットなことをおっしゃられるときっていうのがあって、そのときには「ああそうなんだー」って思う自分がいたので、そういう感じっていうのが、すごくこう強い直線みたいなものが生じているような感じがしましたね。

調査者：もう少し教えていただけますか？

聴き手B：どんな話だっけ……2回ぐらいあったんですけど、一つ明確に思い出せるのは、『軸がぶれてるんじゃなくて、軸自体が不確実なものなんだ』って（クライエントが）おっしゃったときは、なんかすごく「わあー」と思ったんです。軸の話が印象に残ったのは、想像よりもすごく本質的な

ところを言われたなあと思って、すごいそのクライエントさんの、なんて言ったらいいかな、ああこの人やっていけるんじゃないかなっていう感じがすごいしたというか、そんな感じですね。

調査者：こういうときには、どのように聴こうとされていたのですか？

聴き手B：余計なことを言わずに、そういうことを多分話されているクライエントさん自身も、すごいこれだなあと思っている可能性があると思ってたので、あんまり余計なことは言わずにちょっと待って、待つというか、自分自身、自分の感覚を味わうような感じですかねえ。

調査者：自分の感覚を味わうっていうのはどういう感じですか？

聴き手B：なんかね、難しいんだけど、「あぁーそうなんやぁー」って思ってるのと、多分相手（クライエント）がビビットなことを言ったときのこっち（セラピスト）への伝わり方っていうのも相手はわかっていると思うので、その相手も多分「そうなんだよねえー」って思ってるのかなと思って。なんかこう、「そうなんだよねえー」って思ってるときってちょっと空気が変わるんですよね、そういうときって。空気が変わって、少し、本当にベースのところでつながるような感じがあるので、そこを味わうっていう感じですかね。（略）

調査者：印象に残っている言葉や場面はありますか？

聴き手B：さっき言ってた軸の話と、もう一つ、『道が決まっている、固まっている』みたいな話を（クライエントが）されたとき。「ええー」って思ったんやね。それめっちゃしんどいなあと思ったんです。

調査者：もう少しどのような感覚か教えていただけますか？

聴き手B：なんかすごいリアルな感じがしたなーと思って、すごいリアルな感じがして、イメージなんですけど、このクライエントさんは多分、暗い道を車のヘッドライトだけつけて走ってる感じっていうか、すごいそんな感じがしたんです。だから、その、車の運転手の意識はすごいはっきりしてるし、ぼんやりと映し出されているものっていうのはすごく見えているんだけれど、なんとなく周りに何があるのかもわかってて、でもご自身がしっかりしすぎているがゆえに、こうなんていうかな、道を

変えるとかいう感じは難しい人なんだろうなって思っていたら、そういうことをおっしゃられたので、めっちゃそういう感じやなと思って、すごいなーと思った感じですかね。思ったことをなんとなく言われたっていう感じですね。

ⅱ 語りの考察

聴き手Bは、面接全体を通した体験として、「聴き手に対してモニターする自分みたいなのがいる」と述べ、「聴きつつ自分の中で過程を考えつつ」、過ごしていたことを語っている。これは、本章で検討してきた、「眺める」や「立体的に重なる」といった俯瞰的な視点をもつ聴き手の体験に近いと考えられ、常に面接全体に目を配っている聴き手のありようが示されたものと考えられる。

その過程で、聴き手Bは、「ビビットなことをおっしゃられたとき」には、その俯瞰的な視点がなくなり、「『わあー』って思う」と言葉にしている。ここでは、俯瞰的な視点をもつ姿勢が崩れ、別の内的な体験過程が生じていると考えられる。聴き手Bは、このときの体験を非常に感覚的な表現で語っている。一つ目の例として挙げたのは、「想像よりもすごく本質的なところを言われ」たときである。そのときの体験としては、「空気が変わって」、話し手と「ベースのところでつながるような感じ」があったと語る。聴き手Bの内的体験過程では、「ああーそうなんやあー」や「そうなんだよねえー」と思うと述べており、明確な言葉では表現されえなかったが、それは心底相手の語りに納得し、共感と理解が生じる状態と言えるだろうか。これによって、聴き手と話し手が深い次元でつながるような感覚が体験されている。あるいは、深い次元でつながったからこそ、心底相手の語りに共感できるという可能性もあるだろう。ここは、話し手の情緒や思いにふれてその人自身のことを理解する感覚が生じていた場面であると考えられる。加えて、俯瞰して全体を眺めつつ聴いていた状態が崩れ、感覚的な言葉でしか語ることのできないような体験が生じていたと考えると、この場面は聴き手の中で、第4章で検討されたような思考的な要素が隅に追いやられ、より感覚的かつ感情的な要素が瞬間的に沸き起こって来た場面だと考察できる。

さらに聴き手Bが、二つ目の例として挙げているのは、話し手の言葉が「すご

いリアルな感じがした」ところだと言い、そのときに感じていたイメージを語る。それは、「このクライエントさんは多分、暗い道を車のヘッドライトだけつけて走ってる感じ」がしたというものだ。さらに、「車の運転手の意識はすごいはっきりしてるし、ぼんやりと映し出されているものっていうのはすごく見えているんだけれど、なんとなく周りに何があるのかもわかってて、でもご自身がしっかりしすぎているがゆえに、道を変えるとかいう感じは難しい人なんだろうなって思っていた」と述べ、これは、話し手に対する理解が、イメージの形で、瞬間的に浮かんできた体験とも言えるだろう。聴き手Bの語りでは「ああーそうなんやあー」などの感覚的な言葉が用いられて、体験が語られることが多かったが、これは、いまだ聴き手Bの中で明確な言葉として説明しえないような話し手の理解が、まずはイメージという形によって内側に生じてくる可能性があると考察することができるだろう。つまり、ここでのこころの動きには、イメージの働きが影響していると考えられるのである。さらに、最後の部分の語りからは、聴き手が抱いていたイメージと、話し手の言葉がぴったりと重なるような体験がなされたとも述べられている。これはつまり、聴き手が、イメージの形であったとしても、話し手の情緒や思いにふれ、理解しようとすることができていたからこそ、生じてきた現象であると考えられる。

　このように、聴き手Bのインタビューからは、面接場面では、全体を俯瞰的な視点から眺めて話し手の理解を深めようとする視点と、同時に、感覚的かつイメージの次元で話し手の理解が生じてくるような視点とを両立し、聴き手のこころの動きが生じていることが特徴的であった。

2）専門家群の聴き手Eのこころの動き
ⅰ　インタビューの語りの抜粋
> **調査者**：面接全体を振り返って、話を聴いていた際の内的な過程について教えてください。
> **聴き手E**：やはりこう生きている人間なので、ビビットな感じっていうのかな、常に一言一言、一瞬一瞬がやっぱり動いているはずなので、こちらも動いているし、クライエントさんも動いている。で、そこをやっぱり

第5章　専門家と非専門家の関係性の捉え方の違い

調整しながらっていうのかな。その人がお話しされてるけども、その全体に起こっていることの読みがちゃんと読めているときと、なんだろうな少しわからないな、でも何が起こってるんだろうなみたいなことがくり返されて。…(略)…かなり早い段階でクライエントのテーマが、人との対人関係における自分のスタンスのもち方に揺らぎを生じている青年期っていう感じで、見立てというか、割と始まって5分10分でそう思ったと思うんですけど、それをクライエント自身が言葉にしたところかな。それはだいぶ経って30分40分ですかね。それから、少し家族の話が出てきたし、『今までずっとそうだったのかもしれないな』みたいなことをクライエントの方が言葉にしてきたあたりで、少し重なりが大きくなってきたなーっていう、そういう感じではありましたかね。

調査者：重なりが大きく感じられたのは、クライエントが自発的に言ってきたあたりですか？

聴き手E：そうですね。私がテーマというふうに、私のほうが本当に思っていたことが、クライエントの口から出てきて、自分はそうなのかもしれない、そういうところがあるのかもしれないなーみたいなことを自覚的に言語化したあたりではかなりそんな感じがしました。(略)

調査者：印象に残っている言葉や場面はありますか？

聴き手E：私が言ったことに対して、『いやそうじゃなくて』って何回かおっしゃったと思うのね。それは私はあんまり悪いこととは思っていなくて、訂正をしながら、修正をしながら、より自分に近い言葉にしていってるので、「もうちょっとじゃあ違う言葉で言うとどうでしょう」って私が言ったら、『なんて言ったらいいかなー』っておっしゃったところがあって、あそこはすごく大事なところだと思いましたね。私が「少し寂しいって感じてるのかなあ」って言ったところですね。それはもしかしたら新しい感じとか今まであまり感じたことのないような感じっていうのが伝わってきたんですけど、クライエントは寂しいっていう言葉を自分で使いつつも、『なんて言ったらいいのかな』『なんかちょっと違う感じ』って言っていて、やっぱりそこがすごく大事なところかなと思います。だから最

後まで聴いてみるとやっぱり寂しいじゃなくて、うーん、もう少しこう実利的に生きてきた自分がそれはそうなんだけど、それだけじゃないだろうみたいな。寂しいってとこまでは、まだはっきりいってないような感じの、これでいいのかなあみたいな。なんかそんなもうちょっとこう、微妙な感じのところにいらっしゃる方なんだろうなと思ってましたので、あそこで修正したりっていうか、ちょっと違うみたいな感じのところを大事にしたいなと思いましたね。

調査者：そういうときはどのような感覚になっていたのですか？

聴き手E：やっぱり『私はこのスタンスだと思います。それは変わらないと思います』っていうのはすごく印象的であって、クライエントはそこには揺らいでないし、そこには迷いがなくて、多分それを貫いていく人なんだなっていうのがすごくはっきりありますね。だけど、それはそうなんだけれども、それじゃないところに、なんかこうひだひだがちょっとこう、要するに本体はそのままなんだけどフリンジの部分だけを、今クライエントなりに少し何かアレンジをしたいような方なんだろうなと、そういう感じですね。なんか根本的にぐちゃぐちゃになってきて、逆に言うと土台からちゃんと頑張って、何か立て直したいとか作り直したいとかそういう方ではなくて、それは変えるつもりはなくて、どんっと、私はこうですっていう感じがあって、そこをいじることは必要ないというか、クライエントはそこは望んでなくて、だけどちょっと現実的なところでもうちょっと何か彩があってもいいんだよなみたいな、なんかそういうところを大事にしなくちゃなあと思いましたね。だから、いじってほしくないところをいじる必要はないと思うし、このスタンスは変わらないと思いますとか、そうは言われても多分大丈夫だと思ってますっていう、軸のところの何かこうクライエントなりの核心みたいなものは大事にしていいんじゃないかなというふうに思っていますね。それはすごく印象に残っていることかな。

第5章　専門家と非専門家の関係性の捉え方の違い

ⅱ 語りの考察

聴き手Eもまた、「一言一言、一瞬一瞬」を反映させつつ、「全体に起こっていることを読み」ながら話し手の語りを聴いていると語っている。聴き手Bと同様に、全体に開かれて俯瞰的な視点をもって面接の場にいると考えられるだろう。

そして、聴き手Eは、「人との対人関係における自分のスタンスのもち方に揺らぎを生じている青年期」という見立てを立てて、話し手を理解していたが、「それをクライエント自身が言葉にしたところ」で、話し手との「重なりが大きくなってきた」と感じたことを語る。聴き手Bにも体験されていたことであるが、聴き手が話し手の思いや情緒にふれ、理解をしようと試みる過程では、聴き手が内的に理解していたことを話し手が実際に言葉として表現することも起こりうるのだろう。聴き手（セラピスト）がいまだ口にしていない内容を、話し手（クライエント）が言葉にするという現象は、まったく不思議なものと思われる状態であるが、これはまさしく深い次元における主体同士の交絡が生じていることを想定できる手がかりとなる。

また、話し手の理解として、「本体はそのままなんだけどフリンジの部分だけを、今クライエントなりに少し何かアレンジをしたいような方なんだろうな」と感じたという語りからは、聴き手Eもまた、イメージの次元で話し手について理解をしていることが示唆されている。他にも、「どんっと、私はこうですっていう感じがあって、そこをいじることは必要ないというか」「だけどちょっと現実的なところでもうちょっと何か彩があってもいい」という語りには、イメージを用いて感覚的な次元で話し手について把握しようとしている聴き手のありようが示唆されている。このような語りが生じている部分では、他者のこころという捉えようのない対象に対して、自分自身の感覚を用いながら近づいていき、前思考的な要素で理解を形作ることが行われているのではないかと考えられる。そして、「なんだろうな少しわからないな、でも何が起こってるんだろうなみたいなことがくり返され」、それらが言葉で形作ることのできるような理解にもつながっていくのではないかと考えられる。

3）聴き手Bおよび聴き手Eの語りへの質的な検討

　本節冒頭に述べた話し手の内側の情緒や思いにふれてその人自身を理解しようとする瞬間とは、どのように生じると考えられるだろうか。聴き手Bと聴き手Eは共に、面接全体を俯瞰して多角的な視点から話し手の理解を行っていた。しかし、それと同時に、非常に感覚的な次元で、イメージが立ち現れてくるようにして、話し手の理解が生じることもまた示唆された。そして、それらは、ベースでつながるような感覚、思いが一致しているような感覚などとして体験されていると言える。そして、それがさらに進むと、話し手に関して聴き手が思いめぐらせていた事柄が、話し手によって実際に言葉にされたり表現されたりするという、まさに両者が「重なる」ような体験が生じてくると考えられる。

　今回得られた語りは、実際に心理臨床家に体験されているもののごく一部であるかもしれない。なぜなら、第2章や第3章、第4章、本章の分析1で示されたように、心理臨床家の内的体験過程ではさまざまな層が賦活され同時に展開していると考えられるため、必ずしもすべての体験を捉えきれていない可能性があるからだ。特に、病態水準や防衛機制のあり方、精神構造などの専門的な知識を踏まえた理解も当然なされていると考えられるが、ここでは調査対象者の語りを分析の材料としているため、これらがすべて語られているわけではないことは念頭に置いておく必要があるだろう。しかし、ここでの語りを見ると、心理療法における聴き手のこころの動きの中には、イメージの形をとって生じる理解があることが示唆された。それはたとえば、「**車のヘッドライトだけつけて走ってる感じ**」という聴き手Bの語りや、「**フリンジの部分だけをアレンジをしたい**」という聴き手Eの語りにもみられるように、瞬間的に立ち現れるイメージとして聴き手の内側に生じてくる体験であった。

　ここで、話し手に関する理解が、イメージの形をとっていることに着目する。河合（1991）は、「イメージはそれ自身の自律性をもち、自我のコントロールを超えているところが、第一の特徴」(p.27)と述べているが、イメージの自律性という特徴は、自らの内側に生じているものが他者性を帯びたものでもあるという、超越性をはらむものとして考えることを可能にさせる。この性質を踏まえると、聴き手BとEの内側で生じてきたイメージは、聴き手（セラピスト）の自我だけに

よって生成したものではなく、話し手(クライエント)との間、つまり心理療法の空間において生成されたものでもあると考えることができるのではないだろうか。イメージが、自我のコントロールを超えて、面接空間に生成されてきたと体験されているとも考えられるのである。そのように生じてきたイメージは、面接空間全体を踏まえた形で生成される。そこでは、聴き手(セラピスト)のこころの動きだけではなく、話し手(クライエント)のこころの動きや、深い次元での両者の交絡などが生じており、それらがイメージにも反映されていると考えられるのである。だからこそ、セラピストの内に立ち現れるイメージを伴った直観的な理解が、クライエント自身に言葉にされるという現象が起こってくるのではないだろうか。

　このように考えると、心理療法においては、聴き手のこころの動きが、聴き手のものだけではなく、話し手との間にあるものを包含し、面接空間全体を包含するものとして機能していると考えることができる。言い換えれば、面接空間全体に生じていること——たとえ、それが、意識的であったとしても無意識的であったとしても——がおのずと聴き手の体験過程で生成されるイメージに反映されていると言えるのではないだろうか。

5. 考察

　本章では、図を用いた表現の分析と、専門家の聴き手の語りの分析を行ってきた。図を用いた表現の分析では、まず聴き手に体験された関係性を投影して表現してもらうことで、専門家群と非専門家群における特徴的な関係性のあり方とそこで生じている聴き手のこころの動きが描き出されることになったと考えられる。特に心理療法における関係性に焦点を当てると、聴き手は、具体的な経験や悩みなどを話し手と実際的に共有するのではなく、話し手の情緒や思いなどにふれてその人自身を理解をしようとすることを通して、関係性を築いていこうとする体験過程が生じていることが示唆された。

　そこで、分析2では、専門家の聴き手の語りを分析することを試み、話し手の内側の情緒や思いにふれる瞬間がどのように生じうるかについて検討を加えた。その結果、心理療法における聴き手の内側に理解が起こる際には、イメージの形

を伴って生じることが特徴的にみられ、それは聴き手の自我だけによって生成したものではなく、話し手との間、つまり面接空間において生成されたものでもあると考えることができた。

　ここから、心理療法で築かれる関係性とは、クライエントとセラピストという二つの主体が、分離した個と個の状態で共有性を高めるのではなく、どこかで交絡しながらそこでつながる部分をベースにして展開されていくものであると考えられる。どこかでつながっているからこそ、その部分を通して生成されたイメージがセラピストの内側に生成され、同時にクライエント自身によっても表現されることとなり、両者の「重なり」が生じることとなる。このようにして、深い次元で両者のこころが交絡し合う関係性のありようが見受けられるのではないだろうか。その一方で、つながっている部分があるからこそ、「遠ざかる」動きが生じたり、冷静に全体を「眺め」るような俯瞰的な視点をもったりする必要があると言える。セラピストは、このように、つながっていることに開かれつつも、かつそれら全体を自覚的に把握しようともしている。非専門家群では、こうした関係性のありようがみられなかったが、実際にそれが生じていないのか、それともこのような関係性のありように目を向けていないだけなのかは判断がつきにくい。しかし、たとえ後者であるとしても、関係性の中で生じる体験に開かれ、細やかに目を向けていくありようには、心理臨床家の特徴があると考えられる。

　最後に、語りの検討の中でみられた、聴き手間の内的体験プロセスの差異について言及して、本章を締めくくりたい。聴き手BとEにどちらにも共通して体験されていたプロセスは前述の通りであるが、両者の語りを見ると、そのプロセスには内的な体験の差異も同時にみられた。語りを検討すると、聴き手Bは、非常に感覚的かつ直観的な次元で、クライエントの理解を推し進めていくタイプのセラピストであると言える。「わあーってなる」「ああーそうなんやー」など、言葉にならない前意識的な次元でクライエントの理解を捉えていくプロセスをとっていたことが特徴的であった。その一方で聴き手Eは、話し手との間で生じる異質性に着目することで、理解を推し進めていくタイプのセラピストであると言える。話し手の「**いやそうじゃなくて**」という言葉に開かれ、「**違う言葉で言うとどうでしょう**」と切り込んでいくなど、話し手とのやりとりにおける差異を敏感に

受けとって理解をしていたことが特徴的であった。このようなプロセスの違いは、もちろんクライエントの個性やクライエントとの関係性の違いも影響していると言えるが、同時にセラピスト側の個別性やセラピスト間の共通性などの議論にも展開していく部分であろう。専門家としての普遍性とともに、個別性にも目を向けて次章以降での検討を深めていきたい。

第6章
専門家のこころの動きの
個別性と普遍性
事例報告の読み方を通して

1. 本章における問題と目的

　ここまで、非専門家との比較を主な方法論として、聴き手のこころの動きを通して専門性について検討してきた。特に第5章では、話し手の情緒や思いなどにふれてその人自身を理解しようとすることをベースとして関係性を築くことが専門家の特徴として示された。そして、話し手の内側の情緒や思いにふれ、聴き手の内側に理解が起こる際には、イメージの形を伴って生じてくることが特徴的にみられた。

　ここでみられた聴き手のこころの動きは、心理療法のセッションにおけるごく一部分の体験を切り取ったものであると考えられる。しかし、通常、心理臨床家は、セッション過程全体、さらにはセッションごとに、そこで生起していたクライエントのこころの動きにふれようと試み、そこまでのプロセスを読む作業をするとされている。第2章で、「読む」という体験過程について検討を加えた際には、「クライエントの表現に隠された意味を読み取る」ことと「全体的な状況を踏まえたうえで流れを読もうとして、そこに生じてくる展望性まで捉えていく」ことがその要素として言及された。単にクライエントの表現の意味を読み取るだけでなく、流れとしてその筋を理解していくことが「読む」という体験であるとされたのであった。このときの筋を理解していくという過程では、第5章で示されたような、心理療法の場で生成されてきたイメージをつなぎ合わせて理解を推し進めていく動きに近いものがあると想定される。イメージがつながって、プロセスを流れとして理解していくことは、流れを「読む」体験とも考えられるためである。

第6章　専門家のこころの動きの個別性と普遍性

しかし、これらの過程がどのような機序で働いているかについては、いまだ検討の余地が残されている。そこで、本章では、心理療法における聴き手（セラピスト）が事例のプロセスを読んで、クライエント自身を理解していく際のこころの動きについて検討することを試みる。さらに第5章では、そうしたプロセスをたどるセラピスト側にも体験の差異があることが示唆されたため、専門家としての個別性と共通性の問題も同時に検討を加えていくことを目的とする。

2. 方法

(1) 方法の検討

　心理療法のプロセスを読むという体験は、セッションとセッションの間をつないで、事例のプロセスを理解していく体験とも言える。その体験を検討するためには、調査状況を設定する方法なども考えられるが、今回は、公刊事例を分析対象として取り上げることとした。その理由としては、事例を検討することを目的とした公刊事例におけるセラピストの考察には、セッションをどのように理解し、事例のプロセスをどのように読んでいたかという視点が表れやすいと考えたためである。そこで、公刊事例の記述をもとに、セラピストが事例のプロセスを読んでいくことをどのように体験しているかについて検討していきたい。

　さらに、冒頭に述べたように、本章では、専門家としての視点の普遍性についても議論することを目的としている。そこで、当該事例を担当していたセラピストだけでなく、第三者の心理臨床家がその事例報告を読む体験についてもあわせて検討を加えていきたい。そこで生じる差異と共通性を検討することで、専門家としてのこころの動きの普遍性と個別性の一端について議論を行うことが可能と考えられた。

　そこで本章では、複数の心理臨床家が同一の心理療法事例を読んだ文献を分析対象として取り上げることとした。

(2) 分析対象とする文献

　出版されている文献『事例に学ぶ心理療法』（河合，1990）の中に収録されている

事例を対象とする。その理由は次の通りである。『事例に学ぶ心理療法』は、一つの事例に対して複数の異なる学派のセラピストがコメントをして、その事例のプロセスを検討する試みを行ったものである。このように、同じ事例に対して複数の異なる学派のセラピストがコメントを行う試みはほとんど例がなく、稀有な取り組みであると考えられる[*1]。だがこうした取り組みにもかかわらず、その共通性や相違性には言及されてはいない。そこで、今回、セラピストはどのように事例のプロセスを理解し読んでいくのか、またその際に心理臨床家間の共通性はあるかどうかを検討するには適した文献であると考え、用いることとした[*2]。

(3) 分析対象とする事例

『事例に学ぶ心理療法』には全部で7事例が収録されているが、次のような理由から、対象の1事例を選定した。まず、今回はプロセスの読み方の検討を目的としているため、実際に心理療法を担当したセラピストが事例のプロセスについて考察しているものを選択したところ、3事例にしぼられた。その他の4事例は、他のコメンテーターへの返答であったり、事例の一部のみを考察しているものであったりしたため、今回の検討には適さないと考えられた。さらに、その3事例のうち2事例は事例のプロセスのみが書かれた段階で他の学派のコメンテーターがコメントをする形式となっていたが、残りの1事例は担当セラピストの考察が書かれたうえで、他の学派のコメンテーターがコメントをする形式であった。今回は、事例のプロセスを読んでいく際の共通性の検討もまた目的の一つとしているため、事例のプロセスのみが書かれた段階で他の学派のコメンテーターがコメントした2事例にしぼられた。そのうち、1事例は全7回で終結した事例のため分量がやや少なかった。そのため、事例のプロセスに関する考察の情報量が多く、プロセスに沿った細やかな内的体験過程が記載されている「I君とのプレイセラピー」の方が、本章での目的を検討することに相応しいと考えて、分析対象として取り上げることとした。

ここで簡単に、事例の概略を述べておく。当該事例は、田中和子氏と7歳男児のクライエントI君によって行われたプレイセラピーである[*3]。自閉症の診断を受け来談し、全25回を経て終結している。他の学派の心理臨床家のコメンテー

ターとしてコメントを行っているのは、村瀬嘉代子氏（統合的心理療法学派）、乾吉佑氏（精神分析学派）、山中康裕氏（精神科医・ユング派）である。なお、匿名性を保つために、通常の事例報告においてはイニシャルを連想させるようなアルファベット表記を行わないことになっているが、今回は文献での表記のまま使用した。

（4）分析方法──分析する記述の抽出：ケース・マトリックスの作成

　事例を熟読したのち、まず担当セラピストおよびコメンテーターによる当該事例に対する考察・コメント部分を対象として、そのうち「着目したエピソード」が書かれている部分に波線を、「考えた事柄」が書かれている部分には傍線を引いた。たとえば、事例の「野球ゲームのピッチャーとバッターは、二者関係でのコミュニケーションを意味しているであろう」という記載を例に挙げると、「野球ゲームのピッチャーとバッター」という部分が、波線を引く対象の「着目したエピソード」の部分となり、「二者関係でのコミュニケーションを意味しているであろう」という部分が、傍線を引く対象の「考えた事柄」となるといった具合である。

　次に、波線が引かれた「着目したエピソード」に対応する、担当セラピストによる事例報告の中の記載（以降、「事例にみられる事実表記」とする）を探し、ケース・マトリックスの左端に順に書き出していった。続いて、それぞれの「事例にみられる事実表記」の右側の列に、セラピスト・コメンテーターごとに「考えた事柄」を並べて配置し、それらを対応させるケース・マトリックスを作成した（表6-1）。なお、このケース・マトリックスとは、質的研究の方法の一つであり、一つの切り口や視点に沿って複数のプロセスを検討する際に有効とされている（岩壁, 2010）。本章においても、一つのクライエントの「表現」を切り口として、複数の心理臨床家の「考え」を検討するため、適していると考えられた。

　なお、今回は倫理的な配慮として、ケース・マトリックス内の事例の記載については、要点のみを抜粋したものと文献内の記載ページを書くにとどめている。また、今回は紙面の都合上、1名のみが着目したエピソードの検討と表への記載は割愛する。その都合上、表の「番号」の欄のうち1名のみが着目したエピソードの番号は欠番とする。

表6-1　ケース・マトリックス

回	|事例にみられる事実表記|			考えた事柄				数	一致
	番号	記載の抜粋	頁	田中（セラピスト）	村瀬（統合的心理療法学派）	乾（精神分析学派）	山中（精神科医・ユング派）		
事例概要	a-1	8カ月。そのころ結膜炎にかかり、麻酔なしで3回手術を受けた。1カ月くらい目が見えず。	p.125 l.15〜16	診断のむずかしさは、I君の生育歴の"麻酔なしの外科手術""失明体験"以降の一連の経験が、外傷体験としてどの程度I君の臨床像に作用しているのかを考えなければならない点にある。	初語8カ月、人見知りありという。……そこで眼病、麻酔なしの処置、I君にとって外界は、突如転変する、故なく危害を及ぼしてくる、ともうい恐ろしいものと感じられたであろう。母親にすれば、なぜにわが子とか、なにか自分に落ち度があったのではとか……想像にかたくない。	自閉症の診断は認めたうえで……身体的な侵襲および1カ月の失明状態は、この段階での発達を遅滞させるか、母子関係を扱いづらいものにしたのではないかと推測される。2歳半に自閉症と診断されたときには、この心的外傷が課題にならなかったのであろうか。	成育歴で気になるのは……もっともたいせつな時期にたいへんな外傷体験を経験しており、そのことが、自閉的な事態への傾斜をもたらす重要な契機となった可能性が考えられる。……いわゆるマターナル・デプリヴェーションであって、いわば反応性の、（あるいは）偽自閉症である」と考えるほうが自然だと思う。	4	○
	a-3	2歳で二語文。その後ことばは増えなかった。"自分だけのことば"をしゃべっていた。	p.125 l.17〜19	I君は視線を合わせない。そして、ことばは抑揚がなく、音節ごとに区切るような話し方で、I君だけの文脈に従って話すため、……幼いころから、外界はI君にとって、侵入し襲ってくる恐ろしい世界であった。ことばをふたたび獲得しても、他の子どもたちのいる所では、なにかひとこと口にするたびに、からかわれた体験もあったことだろう。こうしてI君の、表現しようという意志も、その能力も、内へ内へと向いていってしまったようである。I君が自分の姿をみずから表現していくには、なによりもまず彼自身が時間的・空間的に守られていると実感できる体験が必要である。……安全な場所であり、時となる。	母親や周囲の不安と相まって、I君は1カ月の見えない期間中に、それまでの母子一体感のなかで味わった満たされた感覚、万能感にすがりつくも、外界への恐れの感覚を拡大せざるをえなかったであろう。新しいことばを覚えることは、外界へ向かって自分が開かれていくことであり、それは危険なこととして、"自分だけのことば"をしゃべることで、自分を守ることになったと了解される。			2	○
	a-4	2歳半のとき、発達相談で「自閉症」と言われる。	p.125 l.19〜 p.126 l.1	2歳半のときの「自閉症」の診断は、発達相談の場面において、発達検査の結果、診断されている。筆者がひきついだ時点でも、「幼児自閉症」の診断であったが、I君と続けて会っていくうちに疑問がわいてきた。		知覚、認知、判断力、現実検討力など……がわからないので充分ではないが、2歳半のときに「自閉症」と診断されたことを念頭に置けば、現在7歳の状態は、DSM-IIIでいうInfantile Autism, Residual state（幼児自閉症、残遺状態）といえよう。		2	×
	a-5	早目に保育園に入れたが、家で壁にむかって「ウ、ウ、ウ」と言う。	p.126 l.1〜l.4		2歳半で「自閉症」といわれ、早めに保育園に入れたという……充足されていた初期の母子関係に、突然外界からの事情で、ひびがはいり、基本的世界像に不安を感じて、自閉的になっているI君を長時間の集団生活におくことは、逆の対応であった。……I君にとっては、母親といっしょの外出という行為の意味があったのではなかろうか。	診断される以前、……むしろ診断を受けたときから、なにか親子の関係が心配過剰な関係（早めの保育園入園や治療機関巡り）に変わって、かえって「変な行動がめだってきた」とはいえないだろうか。ある種のピグマリオン効果が生じてしまい、混乱状況にI君自身も置かれていたのではないか。……動いてしまったのではないか。		2	○

126

第6章　専門家のこころの動きの個別性と普遍性

		事例にみられる事実表記		考えた事柄				数	一致
回	番号	記載の抜粋	頁	田中（セラピスト）	村瀬（統合的心理療法学派）	乾（精神分析学派）	山中（精神科医・ユング派）		
引継ぎ	a-10	「シュミ・マセーン。×××テクダサーイ。」換気扇を止めてほしい"と聞こえたので、筆者は換気扇の下へ行き、〈いい、とめるよ〉	p.126 l.16〜26	ガラス越しの対面に至るまでの……見逃しやすいけれどもたしかなきっかけが、かならずI君から届けられることに気づく。……全治療過程において、いわば毎回"なぞ解き"の宿題を治療者は受け取ることになる。ささやかなきっかけに、治療者がゆっくりと呼応していくことができれば、I君との関係は不連続ながらも成立し、その繰り返しによって、二者関係が恒常性を獲得していくと思われた。	こうした基本的世界像に……I君の世界に身を寄せている人間がいること、言語的・非言語的を問わず、表現するということは良いことなのだ、相応の反応が得られるのだという実感を贈るという課題と考えられる。この意味で、ひきつぎ時、スタッフが聞きとれなかったI君の要望を治療者が了解したのは、良い呼吸。	I君の内的な要求（成長し変化しようとしていること）にぴたりと合わせずにはいぼかりか、距離をおいていても拒絶的にならず、見守り寄り添っているのである。このI君とのかすかな触れずの絶妙な心的距離感覚（バランス感覚）をもっていることに、まったく驚かされる。……現れているように思われた。	治療者は、まず……治療者は、出すぎずし、しかし、しっかりと子どもに焦点を当て、じつにみごとに、この子とtune in（波長の合うに合わせる）している。即座に、この子の立場に身を置き、しかも、侵入的にはなっていない。この子も、自分にきっちりと同調しながら、しかも、脅威を与えず、自分のほんとにしてほしいことがわかってくれる、新しい体験をもたらした人を、ガラス越しに、そっと観察してみるか、「その人」は、なんと自分を見つめて、にっこりと笑ってくれた。	4	○
	a-11	赤い電話のダイヤル「モシモシ、I、デス。」	p.127 l.4〜7	おたがいの自己紹介に始まった		事実、その後の展開でも……治療関係の開始時より、I君には、治療者との関係がDual Unity（二人で一人）として、ぴたりと安心した対象と位置づけられていたようである。		2	×
#1	a-12	"変身ロボ"を手にしている	p.127 l.7〜16	I君のまず始めた……自己変容を望んでどこにか、その途中の過程でセラピストの援助を要請……セラピストの背後に「母なるもの」を求めている……変身ロボットはI君の分身であり、自己像ともいえる。「変容のテーマ」がそこにはある。	I君が変身ロボをことのほかたいせつにとりあげたのも、興味深い。	第1回のセッションは、「その後の治療の全過程」がちりばめられ、「その治療の問題点が出現する」といわれているように、本治療でもその点が確認されていたように思う。①たいへん慎重で警戒的な間接型のコミュニケーションのあり方（繰り返し遊びによって、他者（治療者）を自分のfamilialな世界に取り込めるかどうか試している）、②一旦閉じられた一人遊びの世界と「このI君らしい」物語の展開可能性（繰り返し遊びだが、電話、変身ロボ、信号機、ガソリンスタンドなどの視野の拡大とともに、受け身から支配性への内的表現としても理解可能である）、③治療者への期待と同一化、などが認められる。		3	△
	a-13	信号機。青から黄に変える。	p.127 l.17〜19	彼をとりまく環境は「安全」（信号機の青）から「注意」すべき事態へと変わっていた。				2	×
	a-14	大きなこえで「ガソリンスタンド！」	p.127 l.22〜29	自由に彼が"飛びまわる"……ため、"走り回る"……ために必要なものはエネルギーだと言う……その心的エネルギーの源は、きっと二人で探すことになろう。……たっぷりと補給されてはじめて、彼は外に向かって動き出すのだろう。	空を飛び地上を走る自在さ、しかもガソリンは満たされていく。			3	△
	a-15	野球盤。バッターがうつ。	p.128 l.2〜7	野球ゲームのピッチャーとバッターは、二者関係でのコミュニケーションを意味しているであろう	野球盤もI君の操作（ルール）によってゲームは展開される。			3	△
	a-16	ランナーが現れ消える。	p.128 l.7〜8	チームプレイ、I君が仲間の中でやがて世界をつくっていくことのできる可能性を示唆する				3	△
	a-17	すべての選手を"眠らせる"	p.128 l.8〜11	その意味は、この時点では筆者にはつかめていなかった……象徴的に大きな転換をいずれ迎えることになるのではないだろうか、と思ったのである。	治療者に見守られ、波長の合う出会いを体験できたI君は、プレイのなかで、昼と夜の時の転換すらもわが手中に収めえた。			2	×

127

表6-1 ケース・マトリックス（続き）

		事例にみられる事実表記		考えた事柄				数	一致
回	番号	記載の抜粋	頁	田中（セラピスト）	村瀬（統合的心理療法学派）	乾、（精神分析学派）	山中（精神科医・ユング派）		
#5	a-28	家族人形と家のセットを見つけ出す。	p.131 l.25〜28	前述の「変容のテーマ」に付随して、もう一つの分身である人形セットを使って赤ちゃんから少年へと発育していく「発達のテーマ」も興味深い。I君の未熟な部分が象徴的に成長していく。	自分のルールが尊重され、自分の求めに的確に応えてくれる治療者に会い、そこで今度は、世の中のルール、人とのかかわり方を味わいながら会得し、自分を再構成していったのが、家族人形を用いての赤ちゃんの誕生と成長、家から外へのピクニック、家の構築、地下鉄駅から、より宏大な空間への線路の延長という、一連の過程である。	田中さんはI君の世界をたくみに把握して対応しているのである。過剰な情報にならないこともいとわず、彼のペースにのって根気よく、外界状況に彼の場を作り上げるように働きかける。その結果、I君の世界は、「ます目」から「画用紙一杯」の世界へ拡大し、内側と外側の壁（境界）としての家の構築や	2	○
#9	a-30	お部屋、つくらなくちゃ	p.135 l.3〜9	彼らを外部からの侵入から守る部屋や家が構築される。何度も建てかえられて完成した（第11回）家に開閉自由な扉が最後についたとき、治療者はI君の内界がしっかりと守られ、かつ外界との接点が象徴の世界に確立されたことを感じた。ここでI君の遊びは大きな転機を迎える。				3	△
#10	a-31	もう一つつくる。	p.135 l.15〜22					3	△
#11	a-32	へいができ、開閉できる扉がつく。	p.136 l.2〜12					3	△
#19〜#22	a-39	このころから来所が欠席がちとなる。トイレにとびこむ。	p.142 l.24〜 p.143 l.12	はたして"友だちづきあい"が始まり、来所が欠席がちとなる（第19期以降）。そして最後の大きなテーマを迎える。トイレに毎回のように飛びこむI君をドアの外で待ちながら、治療者は、文字どおりI君は大仕事をしているのだなあと気づき、その意味を考えつづける。	母親とI君の歩調が日常生活でぴったり合ってきたらしいと……学校生活が円滑になり、友達と遊べるようになったなど、こうした適応力の増加やすっきりした顔で用便を終えて出てくる22回あたりから、一つの区切りが予想される。			2	△
	a-41	セラピストに大きな"うんご"を無言で見せ、レバーを押して流す。	p.144 l.1〜10	第24回でI君は20分かけて排便し、大きなうんごを治療者に見せてくれる。こころの中にもやもやとたまっていたものを言語化し、身体の中にやはりたまっていたものを消化・排出し終え、心身ともに大きな区切りのときがきた。	子どもが大きい固形物を出しても、このように自分はたしかに在るという基本的安定をもつ自己イメージの証しとして、また、子どもがみずからの力で造り出せる唯一の贈り物として、プレイセラピイの過程で、大便は大きい意味をもつ。……終結について「考えて」と持ち出している。	(a-30の続き)トイレの活用へと進み、	圧巻は、第24回……たしかフロイトは、「大便は子どもにとっては「金」に等しい、立派な自己の贈り物」でもある、とのべているが、まさに、これは、田中さんへの、彼からの、最大の「感謝」を表わす、素敵な「贈り物」だった、といってよい。	4	△
#24	a-43	母親から終結したいと連絡。I君自身も。セラピストは迷いもありもう一度会いたい旨を伝える。	p.144 l.17〜19	治療の流れから、大きな区切りは実感していたが、「先生、これしよう」の"これ"が別れの儀式を意味するのか、それとも、もう一山越えていこうとしているのかつかみかねた治療者は、前回の〈考えといてね〉の答えを、やはりプレイルームで聞きたいと思い、来所を願ったのである。……プレイルームにI君と別れを告げる必要があると思えてならなかった。	ところが、母親もI君自身も終結にしたいと連絡が入るのに、セラピストとしての迷いもあり、もう一度呼ぶというのは理解に苦しみました。なぜ、ここでクライエントの意思を尊重しなかったのか。セラピストの迷いとはなんなのか。私の場合、第24回あとの電話で、相手の意思を重んじ、かつ経過から考えても納得のいくことであり、終結するであろう。	I君の情緒発達という立場に立つなら、少なくともここ1〜2年の治療のかかわりというより、思春期を経過する長期のフォローが必要であろうし、本人とではなく母親を通してのフォローを考えてもよかったのではないかと考えるのである。……どうもすっきりしない。		3	×

128

第6章　専門家のこころの動きの個別性と普遍性

回	番号	事例にみられる事実表記		考えた事柄				数	一致
		記載の抜粋	頁	田中（セラピスト）	村瀬（統合的心理療法学派）	乾（精神分析学派）	山中（精神科医・ユング派）		
#25	a-44	地下鉄駅から出た2台の列車が別れていく。	p.144 l.22～24	これまでの……伴走するその列車と別れて、つながった線路の上を田舎の駅に向かっていく。治療者はI君からの返事をたしかに受けとり、別れの儀式が進む。		(a-30の続き)プラレールの分岐点での分化(かならずしも分離まで発達していない)別れとなったのであろう。		2	○
	a-45	ポツリと「先生、ぼくのこと、忘れない？」〈忘れないよ〉	p.144 l.25～ p.145 l.2	〈また、ここに来たくなったら、いらっしゃい〉……I君の「忘れない？」という付加疑問文の問いかけに、ごく自然に治療者の中に〈忘れないよ〉ということばが生まれた。……もっともふさわしいことばのように思えた。そして、そのときの治療者のこころの真実であった。	かりにクライエントが「忘れない？」とたずねれば……黙ってかすかに微笑むにとどめるであろう。治療者というのは、淡々とつつましくありたいと思う。			2	×

　以降では、このケース・マトリックスをもとに、プロセスを読む体験過程に関する分析1と、心理臨床家の視点の共通性に関する分析2を順に行うこととする。それぞれの分析方法についても、分析ごとに記載する。

3. 分析1──プロセスを読む体験過程に関する質的な検討

　ここでは、セラピストが事例のプロセスを読んでいくこころの動きを質的に検討する。これは、第5章で示されたような、セラピストの内側に生成されるイメージの形をとった話し手に関する理解をつなぎ合わせて、クライエントに関する理解を推し進めていく作業であると想定される。セラピストは、心理療法の場で生成されたイメージから、クライエントの理解が生み出されていくようなプロセスを体験していると想定されるが、実際はどのような体験なのだろうか。そこで、その様相の一部を捉えるために、分析1を行うこととした。

（1）分析方法

　方法としては、次のような手続きをとった。まず、表6-1のケース・マトリックスから、担当セラピストのみの「考えた事柄」を抜粋した表を構成し直した（表6-2）。続いて、それをもとに、担当セラピストの「事例にみられる事実表記」と「考

表6-2　担当セラピストの考えた事柄

事例にみられる事実表記				セラピストの考えた事柄
回	番号	記載の抜粋	頁	田中（セラピスト）
事例概要	a-1	8カ月。そのころ結膜炎にかかり、麻酔なしで3回手術を受けた。1カ月くらい目が見えず。	p.125 l.15〜16	診断のむずかしさは、I君の生育歴の"麻酔なしの外科手術""失明体験"以降の一連の経験が、外傷体験としてどの程度I君の臨床像に作用しているのかを考えなければならない点にある。
	a-3	2歳で二語文。その後ことばは増えなかった。"自分だけのことば"をしゃべっていた。	p.125 l.17〜19	I君は視線を合わせない。そして、ことばは抑揚がなく、音節ごとに区切るような話し方で、I君だけの文脈に従って話すため、級友たちにはおそらく唐突にしか聞こえなかったにちがいない。小さな物音にも、またモーター音にはとくに敏感に反応するため、なかなか落ち着いて座り続けることができないI君を、学級単位の学校場面で扱うのはかなりむずかしいだろう。主要教科のみ特別クラスで授業を受けるシステムや、教室内に特別席が設けられたのは、I君のためであると同時に、学級を守るためであったと思われる。度重なるトラブルに、I君が担任の先生から叱責を受ける回数は、他の児童よりずっと多かったかもしれない。幼いころから、外界はI君にとって、侵入し襲ってくる恐ろしい世界であった。ことばをふたたび獲得しても、他の子どもたちのいる所では、なにかひとこと口にするたびに、からかわれた体験もあったことだろう。こうしてI君の、表現しようという意志も、その能力も、内へ内へと向いていってしまったようである。I君が自分の姿をみずから表現していくには、なによりもまず彼自身が時間的・空間的に守られていると実感できる体験が必要である。この点において、日常から離れたプレイルームはだれもはいってこない安全な場所であり、時となる。
	a-4	2歳半のとき、発達相談で「自閉症」と言われる。	p.125 l.19〜 p.126 l.1	2歳半のときの「自閉症」の診断は、発達相談の場面において、発達検査の結果、診断されている。筆者がひきついだ時点でも、「幼児自閉症」の診断であったが、I君と続けて会っていくうちに疑問がわいてきた。
	a-6	他の子どもたちにかまわれ、いじめられる。	p.126 l.5	母子関係という心理的要因、脳波異常という器質的要因、また就学以来いじめられているという体験も重要な要因であろう。そこで治療者としては、主訴でもあり来談動機でもある対人関係と外界へのなじみにくさに焦点を当てつづけることにした。
	a-7	（母親より）学校であまりいじめられるので、いま休ませている。	p.128 l.13〜14	
	a-8	（母親より）脳波に異常がみつかった。	p.130 l.16〜17	

第6章　専門家のこころの動きの個別性と普遍性

回		事例にみられる事実表記		セラピストの考えた事柄
	番号	記載の抜粋	頁	田中（セラピスト）
引継ぎ	a-9	「I君、新しい先生よ」。I君は聞こえているのか、いないのか、横を見たり天井を見ていて、正面にいる筆者から顔をそらす。	p.126 l.14〜16	Aさんに紹介された筆者をなかなか視界に入れようとしないI君。しかし、よく観察すれば、彼は顔を向けることを避けてはいるが、逃げ出しているわけでも、隠れているわけでもないのだ。「初対面」ということばのごとく、はじめて会うときは対面するもの、という日常の常識をひっくり返してI君は登場してきた。みごと、と思えるほどのあざやかさが、筆者の受けた強い第一印象であった。横顔で、背中で十分に他者を感じとることのできるI君の感受性、そしてこの位置関係が、侵入されずかつ意識できるI君の基本ポジションであるかもしれない。
	a-10	「シュミ・マセーン。×××テクダサーイ。」"換気扇を止めてほしい"と聞こえたので、筆者は換気扇の下へ行き、〈いい、とめるよー〉	p.126 l.16〜26	ガラス越しの対面に至るまでのプロセスをふり返ってみると、じっと側で存在しつづけるうちに、見逃しやすいけれどもたしかなきっかけが、かならずI君から届けられることに気づく。振りむきは"あいさつ"を求めるものであったし、小さく開いたドアやガラス越しの視線にたいせつな意味がこめられていたのだから。全治療過程において、いわば毎回"なぞ解き"の宿題を治療者は受け取ることになる。ささやかなきっかけに、治療者がゆっくりと呼応していくことができれば、I君との関係は不連続ながらも成立し、その繰り返しによって、二者関係が恒常性を獲得していくと思われた。
#1	a-11	赤い電話のダイヤル「モシモシ、I、デス。」	p.127 l.4〜7	おたがいの自己紹介に始まった
	a-12	"変身ロボ"を手にしている	p.127 l.7〜16	I君のまず始めた"変身ロボ"の遊びは、彼自身、自己変容を望んでここに在り、その途中の過程でセラピストの援助を要請し（「コレ、シテ、クダサイ」と、変身しかけのロボットをさし出す）、さらにそのセラピストの背後に「母なるもの」を求めていること（「オカアサン、コレ」）を伝えてくれる。変身ロボットはI君の分身であり、自己像ともいえる。「変容のテーマ」がそこにはある。
	a-13	信号機。青から黄に変える。	p.127 l.17〜19	彼をとりまく環境は「安全」（信号機の青）から「注意」すべき事態へと変わっていた。
	a-14	大きなこえで「ガソリンスタンド！」	p.127 l.22〜29	自由に彼が"飛びまわる"（変身したロボットがかっこよく空を飛ぶ）ため、"走り回る"（車となって走る）ために必要なものはエネルギーだと言う（「ガソリンスタンド！」）。その心的エネルギーの源は、きっと二人で探すことになろう。それとも二人でつぶやきながら探す行為そのものが、エネルギー供給を象徴的に果たすかもしれない。そしてたっぷりと補給されてはじめて、彼は外に向かって動き出すのだろう。

表6-2 担当セラピストの考えた事柄（続き）

事例にみられる事実表記				セラピストの考えた事柄
回	番号	記載の抜粋	頁	田中（セラピスト）
#1	a-15	野球盤。バッターがうつ。	p.128 l.2〜7	野球ゲームのピッチャーとバッターは、二者関係でのコミュニケーションを意味しているであろう
	a-16	ランナーが現れ消える。	p.128 l.7〜8	チームプレイは、I君が仲間の中でやがて世界をつくっていくことのできる可能性を示唆する
	a-17	すべての選手を"眠らせる"	p.128 l.8〜11	夜と朝の接点の遊びのその意味は、この時点では筆者にはつかめていなかった。ただ他の遊びと比べて次元の深さを感じ、象徴的に大きな転換をいずれ迎えることになるのではないだろうか、と思ったのである。
#3	a-22	変身ロボット。黙々と修理。途中、かぼそく、「ウェーン、デキナイヨ」。その声はまるで"国語"の教科書を読んでいるような調子だった。	p.130 l.2〜6	守られた世界でI君は、徐々に口を開く。しかし「ウェーン、デキナイヨ」（第3回）と情けない気持ちをことばで表わそうとしても、自然につながっていかないのである。彼の内奥に浮かんだ心的事実と、ことばという、ここでは外に向かう意識的手段とが、乖離してしまっているのだろう。
#4	a-23	セラピストは隣にいるのに、正面を向いたまま「キミドリ、イロニ、ナッテネ……アッタカクナッタノ」	p.130 l.19〜21	第4回の「キミドリ、イロニ、ナッテネ……アッタカクナッタノ」ということばに、I君のこころの中にかすかに起こった変化と、そのにじみでる暖かさを感じとることができる。
	a-24	「アッタマッチャッタ。」ダートの赤い布地に、そっと矢を刺し、「……コレデ、アンゼン」とつぶやく。	p.130 l.21〜22	「アッタマッチャッタ」「アンゼン」の響きは、その意味のみならず、口の中で小さく繰り返してみると、リズミカルな語感が実感され、弾むようなI君の楽しさが伝わってくる。
	a-25	「パチン、テ、オト、ガシタ」そして、鼻歌まじりに車を動かしはじめる。	p.131 l.1〜2	「パチン」と変身ロボのドアのはまる音そのものは、彼のこころの中の成功感と共鳴し合うようだ。鼻歌を歌うことは、まだからだの感覚のレベルで世界を味わっていた。
お休み	a-26	（母親より）2月11日（休日）は相談所に行くといってきかず、駅前まで行って座りこむ。（セラピストは前回、休室の確認をしていなかったことを思い出し、胸が痛む。）	p.132 l.1〜4	突然の休室日（2月11日）に対するI君の驚きは、治療者に、この治療が深いレベルで動いていることを再認識させた。本来I君のもつ理解力は高く、それゆえ祝日が休室日であることが理解できず混乱したとは考えにくい。むしろ、突然、休室を知らされて、たいせつなものがまた急になくなってしまうのではないだろうか、との不安がつきあげてきて、確かめるための行動につながったように思う。
	a-27	18日は発熱で休み	p.131 l.14	次の週の発熱によるキャンセルも、偶然とはいえ、治療者の配慮不足に対しての抵抗であったかもしれない。そう考え、治療者はI君にセッション終了後にあやまり、そして治療の連続性に気を配ることを約束した。

第6章　専門家のこころの動きの個別性と普遍性

	事例にみられる事実表記			セラピストの考えた事柄
回	番号	記載の抜粋	頁	田中（セラピスト）
#5	a-28	<u>家族人形と家のセット</u>を見つけ出す。（#8まで、ままごとをする）	p.131 l.25〜28	前述の「変容のテーマ」に付随して、<u>もう一つの分身</u>である人形セットを使って赤ちゃんから少年へと発育していく「発達のテーマ」も興味深い。I君の未熟な部分が象徴的に<u>成長</u>していく。
#9	a-30	<u>お部屋</u>、つくらなくちゃ	p.135 l.3〜9	彼らを外部からの侵入から守る部屋や家が構築される。何度も建てかえられて完成した（第11回）家に開閉自由な扉が最後についたとき、治療者はI君の<u>内界がしっかりと守られ</u>、かつ外界との接点が象徴の世界で確立されたことを感じた。ここでI君の遊びは<u>大きな転機</u>を迎える。
#10	a-31	も一つ<u>つくる</u>。	p.135 l.15〜22	
#11	a-32	<u>へいができ、開閉できる扉</u>がつく。	p.136 l.2〜12	
#12	a-33	変身ロボットが怪獣をやっつける。二者を操り怪獣が暴れ回る。	p.136 l.19〜 p.137 l.1	この回以降、I君の内界はプレイルーム全体を使って表現される。日常においても、発声に緊張がなくなり、なによりも音楽の時間を楽しむようになる。声と音で表現する楽しさを味わいはじめたのだろう。
	a-34	（母親より）音楽が好き。ほめられ、独唱もした。	p.137 l.16〜17	
#13	a-35	<u>先生セット</u>。「かさ」「雨ざーざー」、<u>子どもと影</u>。不気味な感じ。真っ黒に塗りつぶされる。	p.137 l.20〜 p.138 l.6	<u>侵入してくるもの、なにか不気味なおびやかす存在</u>をI君は見定め、<u>治療者に伝える</u>ことを試みる。失明時の闇と、<u>突然の混乱</u>、<u>いじめられたこと</u>、<u>恐ろしかったこと</u>……。
	a-36	（母親より）祖母の死。「おばあちゃんはいつ芽が出て赤ちゃんになって、もう1回やり直すの？」絵。	p.138 l.16〜18	祖母の死と葬式の儀式（象徴的な喪）、さらに絵に描いて家族の共感を呼ぶといった体験も、I君の「見えざるものとの対決」への触媒になったのではなかろうか。
#18	a-38	「ねむらないと」やがて「こわーいおばけがでてきて、わるい子をいじめちゃう」「それに、それに冷蔵庫も。出てきちゃう。古い換気扇に……。」一息しゃべると、ほっとしたように、<u>木えだハウスの扉を閉じてみんなねむらせる</u>。	p.142 l.5〜10	この<u>「影との対決」</u>は、第18回において結実する。<u>「こわいおばけ」</u>と、ついに言語化し、その緊迫感のあとの弛緩ともいうべき眠りが、I君の<u>分身の人形</u>たちにおとずれる。睡眠は人間の身体と精神の疲れを癒し、<u>エネルギー</u>を供給してくれる。I君自身にも、やっと<u>心的エネルギーがたっぷりと供給される真の</u>眠りが訪れたことであろう。<u>初回の遊びの流れによる見立てからも</u>、そろそろI君が外へ飛び出していくであろう、と予測された。

表6-2 担当セラピストの考えた事柄（続き）

回		事例にみられる事実表記		セラピストの考えた事柄
	番号	記載の抜粋	頁	田中（セラピスト）
#19〜#22	a-39	このころから来所が欠席がちとなる。トイレにとびこむ。	p.142 l.24〜p.143 l.12	はたして"友だちづきあい"が始まり、来所が欠席がちとなる（第19回以降）。そして最後の大きなテーマを迎える。トイレに毎回のように飛びこむⅠ君をドアの外で待ちながら、治療者は、文字どおりⅠ君は大仕事をしているのだなあと気づき、その意味を考えつづけた。
#23	a-40	第1回で使用した電話を見つけ、おもちゃであることを発見。「あれ？これコードは？　つながらないの？」と非常にびっくりする。	p.143 l.17〜19	第23回に、Ⅰ君は初回で使用した電話（自己紹介に使われた）が、電池のついていない、まったくのおもちゃであることを発見して驚く。Ⅰ君の世界が拡大するにつれ、象徴空間としてのプレイルームは逆に非日常性が低下し、その役割を終えようとしていることを意味すると思われる。
#24	a-41	セラピストに大きな"うんこ"を無言で見せ、レバーを押して流す。	p.144 l.1〜10	第24回でⅠ君は20分かけて排便し、大きなうんこを治療者に見せてくれる。こころの中にもやもやとたまっていたものを言語化し、身体の中にやはりたまっていたものを消化・排出し終え、心身ともに大きな区切りのときがきた。
	a-42	"変身ロボ"。箱に納めるのを見ながら、終結の話を切り出す。「……これ、変身、かわっちゃう」「先生、これしよう。」	p.144 l.11〜16	治療過程をずっとⅠ君と治療者とともにしてきた変身ロボットが、「……これ、変身、かわっちゃう」ときがきたのである。終結についての治療者の問いに、Ⅰ君はこう答えている。「先生、これしよう。」もう一つ、"最後の仕上げ"が必要であるように思われた。
	a-43	母親から終結したいと連絡。Ⅰ君自身も。セラピストは迷いもありもう一度会いたい旨を伝える。	p.144 l.17〜19	治療の流れから、大きな区切りは実感していたが、「先生、これしよう」の"これ"が別れの儀式を意味するのか、それとも、もう一山越えていこうとしているのかつかみかねていた治療者は、前回の〈考えといてね〉のプレイルームでの問いの答えを、やはりプレイルームで聞きたいと思い、来所を願ったのである。治療構造上の空間的・時間的な現実の原則がしっかりと守られてこそ、無意識のレベルでの出会いと別れが起こりうる。もちろん、電話でさりげなく別れていくほうが治療的な場合もあろうが、このケースでは筆者はとくに、内界と外界、非日常と日常との枠を守ってきたがゆえに、なおさらプレイルームでの別れの儀式が重要であり、また治療者へ、だけでなく、なによりプレイルームにⅠ君が別れを告げる必要があると思えてならなかった。

第6章　専門家のこころの動きの個別性と普遍性

回	事例にみられる事実表記			セラピストの考えた事柄
	番号	記載の抜粋	頁	田中（セラピスト）
#25	a-44	地下鉄駅から出た2台の列車が別れていく。	p.144 l.22〜24	これまでの治療過程そのものを意味するプラレールを組み立てた。第2回で2番線（第二の治療）にはいった列車（I君）が、その地下鉄駅（プレイルーム）からもう一つの列車（治療者）と並んで走り、鉄橋を渡ると、伴走するその列車と別れて、つながった線路の上を田舎の駅に向かっていく。治療者はI君からの返事をたしかに受けとり、別れの儀式が進む。
	a-45	ポツリと「先生、ぼくのこと、忘れない？」〈忘れないよ〉	p.144 l.25〜p.145 l.2	〈また、ここに来たくなったら、いらっしゃい〉「そんなこと、あるわけ、ない、じゃない」とI君はプレイルームにも別れを告げる。最後のI君と治療者の位置関係は、ちょうどひきつぎのときと同じものだった。I君の「忘れない？」という付加疑問文の問いかけに、ごく自然に治療者の中に〈忘れないよ〉ということばが生まれた。「忘れない、でね」のことばに共鳴するように、I君の背中に〈忘れないよ、絶対〉と、ごく自然に声をかけた。日常の世界に"絶対"なるものは存在しないであろうが、その厳粛なときの、その守られた空間の世界では、もっともふさわしいことばのように思えた。そして、そのときの治療者のこころの真実であった。

えた事柄」を熟読し、そこに書かれた意味を、そのまとまりごとに要約して抽出した。そして、ソシオグラムの手法を参考にして、それらを関連づけた図を作成した。そこでは、「事例にみられる事実表記」を四角形で、「考えた事柄」を楕円形で囲み、ケース・マトリックス内の文章表現で関連があると想定されるもの同士を線でつないだ。その要素に、表6-2では下線を引いている。たとえば、電話をめぐるやりとりに関して記載されたa-11とa-40をもとに行った図が図6-1である。

今回は、特にクライエントの中心的なテーマが展開されたと考えられる、変身ロボ（a-12、a-14、a-42）、家族人形（a-28、a-38）、家のセット（a-28、a-30、a-31、a-32）、先生セット（a-35）をめぐる過程について、図6-2を作成した。本来であれば、a-1からa-45まで、同様にイメージが生成され、心理療法のプロセスを読んでいく体験過程が続いていると想定されるが、ここでは、そのプロセスの一部を切り取って検討を加えることとしたい。

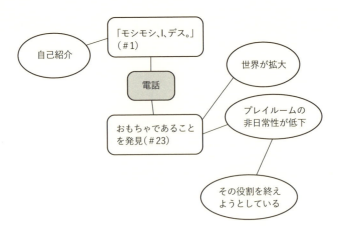

図6-1　電話をめぐるやりとりの関連図

（2）結果と考察

　分析された図6-2を見ると、さまざまなイメージや理解が関連づけられ、複雑な図となっている。しかし、一つひとつを辿っていくと、担当セラピストの理解の道筋がどのような体験に基づいて生じてきているかを検討することができる。また、別の回のセッション同士が共通するイメージでつながっている場面も複数見受けられる。このように、体験のごく一部ではあるものの、セラピストがプロセスを読んでいく際のこころの動きの特徴が表れていると考えられる。ここでは、図6-2から得られる特徴を二点示したい。

　まず一点目として、「変身ロボ」をめぐる考察に着目してみたい。そこでは、「変身ロボ」から「分身」「自己像」といった象徴的なイメージがセラピストの内側に賦活されている。そして、その「変身ロボ」を「手にしている」クライエントのあり方と関連づけて、クライエントは、「自己変容を望んで」ここに来ているのではないかという理解が生じている。さらに、「ガソリンスタンド！」という言葉をきっかけに、「エネルギー」というイメージが賦活され、「走りまわるため」あるいは「飛びまわるため」の「エネルギー」という意味では、前述の「変身ロボ」とも関連づけられる。そして、象徴的には「自己変容」のために「心的エネルギーが必要」なのではないかと思考し、それが「補給されてはじめて外に向かうだろう」

第6章　専門家のこころの動きの個別性と普遍性

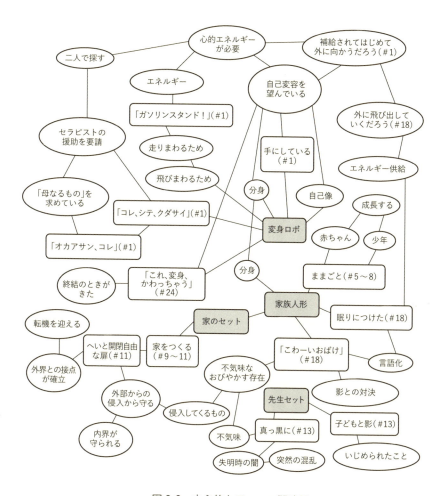

図6-2　中心的なテーマの関連図

という見立てが生じている。このように、セラピストの内的な体験過程では、象徴的なイメージが賦活されることで、次々に広がっていき、セラピストがそれらの間を関連づけていくという機序が働いていると考えられる。

これは、「変身ロボ」だけではなく、「家のセット」をめぐる遊びに関しても同様である。「家をつくる」過程で「へいと開閉自由な扉」がついてしっかりとした家が完成したことで、クライエントの内的世界では、「外部からの侵入から守」

り、「外界との接点が確立」したことがセラピストの中で連想されている。そして、このイメージが、「侵入するもの」というテーマで、「先生セット」や「こわーいおばけ」の発言をめぐるイメージともつながり、「不気味」なもの、「影との対決」としての「失明時の闇」や「いじめられたこと」など、セラピストの中で、これまでのクライエントの体験が次々と関連して思い起こされていく。このように、まず象徴的なイメージが生成され、イメージが次々に広がっていくことが生じていると考えられる。そして、このように次々と広がっていくイメージの形をとったクライエントに関する理解を、セラピストの内側で関連づけていくような体験がなされているのだと言える。

　さらに二点目として、第1回目で、心的エネルギーが「補給されてはじめて外に向かうだろう」という見立てが生じている場面に着目したい。その後、第18回目で恐ろしかったことを「言語化」できたクライエントは、ようやく心的エネルギーが供給できる「眠りにつけた」と、セラピストは考えている。そして、ここで前述のように、第1回目に見立てをした「外に飛び出していく」時期がようやくやって来たのだと感じているのである。これらのプロセスを見ると、セラピストの内側に生成されたイメージの形をとった理解は、思考され、見立てとなって形作られ、それは、その後の心理療法の展開を予測し展望するような性質をもっていると考えられる。

　さらに、この性質は、「変身ロボ」をめぐるやりとりを通しても同様にみられる。第1回目で、「変身ロボ」から「分身」や「自己像」のイメージが賦活されたことによって、セラピストの内には、クライエントが「自己変容を望んで」ここにやって来ているのだろうという理解がなされている。これは、心理療法の過程で自己変容をしていくだろうという展望が含まれていると言える。そして、実際に、終結を意識していた第24回目で、「これ、変身、かわっちゃう」と言葉にされることが生じてくるのである。このように、生成されたイメージによって形作られた見立ては、その後の心理療法の展開を展望するような性質を含むものでもあると考えられる。言い換えれば、イメージから心理療法の過程全体を見渡すような展望性を感じ取って、見立てを形作っていくような体験がセラピストの内側でなされていると言える。

4. 分析2——心理臨床家の視点の共通性に関する数量的な検討

　ここでは、分析1の担当セラピストの考察に加えて、他のコメンテーターのコメントをも含めて、検討を加えたい。クライエントの表現に対して、生成されるイメージや理解は、心理臨床家間でどの程度共通性があるものなのだろうか。第5章での検討で、心理療法の過程において生じるイメージは、クライエントと共にするその場での体験をもとに生成されるという特徴が見受けられたが、そのように考えると、担当セラピストとコメンテーターの間には差異があって当然であるとも想定される。しかし、専門家としての心理臨床家に普遍的な視点が存在する可能性ももちろんあるだろう。そこで、表6-1のケース・マトリックスをもとにして、次の二つの観点から数量的な検討を行うこととする。

(1) 分析方法
ⅰ 「着目したエピソード」について
　考察・コメントに書かれた「着目したエピソード」の部分と対応する、実際の事例報告の事実表記の部分である「事例にみられる事実表記」の欄は、心理臨床家が事例のプロセスを読んでいく際に注目する箇所であり、考察の根拠とする箇所であると考えられる。つまり第5章でみられたような、クライエントの言動の中でイメージが生成される契機となる部分であると考えられる。そこでまず、この「事例にみられる事実表記」を対象として数量的に検討を行った。

　まず、「事例にみられる事実表記」の総数をカウントした。続いて、表6-1のケース・マトリックスの行に目をやって横に対応させながら、「事例にみられる事実表記」のうち複数の心理臨床家が共通して着目し何らかの考察をしている箇所を、心理臨床家の人数ごとにカウントした。

ⅱ 「考えた事柄」について
　考察・コメントに書かれた「考えた事柄」は、その事例のプロセスを読んでいく心理臨床家の視点が表れる箇所と考えられる。つまり、生成されたイメージやそれをつないだ理解の部分であると言える。そこで、続いて、この「考えた事柄」

を対象として、数量的に検討を行った。上記の「事例にみられる事実表記」の行において、2名以上の心理臨床家が共通して着目した「考えた事柄」を対象とした。

手続きとしては、まず「考えた事柄」に表れる事例のプロセスの読みや視点が表6-1のケース・マトリックスの行ごとに一致していると思われるものには○を、異なるものには×を、全員ではないが複数間で一致していると思われるものには△をつけた。ここでは筆者以外にも、心理臨床の実践に携わる心理臨床家1名に判定してもらい、判定が一致しなかった箇所は一律に△とした。その総数を算出したのち、事例概要に関する記載部分と、事例のプロセス自体に関する記載部分(a-10の引継ぎの回から含めることとした)に分け、その数の内訳を算出し、○、×、△の割合に差があるかを検討するために統計処理を行った。

(2) 結果

i 「着目したエピソード」について

まず、「着目したエピソード」に対応する「事例にみられる事実表記」は全部で44個であった[*4]。そのうち、複数の心理臨床家が共通して着目し、何らかの考察をしている「事例にみられる事実表記」の個数をカウントした結果、4名全員が着目した個数は3個、3名では8個、2名では10個、1名では23個であった。全体44個のうち、複数の心理臨床家が着目した個数は計21個であったことから、心理臨床家が一人でも着目した事実表記のうちの48%は共通のものであると言える。さらに、この21個は文献の140行分の事実表記であり、これは当該事例報告全体である583行の24%であった。

ii 「考えた事柄」について

続いて、2名以上の心理臨床家が共通して着目した事実表記21個のケース・マトリックスの行を見ていった。そこでの「考えた事柄」の内容の読みや視点が一致していると思われるものには○を、異なるものには×を、全員ではないが複数間で一致していると思われるものと評定者間でズレが生じたもの(a-12, a-15)には△をつけた。その結果、○が6個、×が7個、△が8個であった。そのうち、事

第6章　専門家のこころの動きの個別性と普遍性

例概要に関する記載部分では、〇が3個、×が1個、△が0個（占める割合は、順に75％、25％、0％）であった。事例のプロセス自体に関する記載部分では、〇が3個、×が6個、△が8個（占める割合は、順に18％、35％、47％）であった。Fisherの直接検定を行ったところ1％水準で有意な差がみられ、残差分析の結果から、事例概要部分の方が事例のプロセス部分よりも、1％水準で〇が多く△が少ないという結果であった。

5. 考察

ここでは、それぞれの分析結果から得られた結果をもとに、生成されたイメージから、クライエントについての理解が生じていくプロセスをセラピストはどのように体験していくのか、さらに、その理解や視点が心理臨床家間でどこまでの共通性をもつかについて考察することを試みる。

(1) プロセスを読む際のこころの動き

分析1の結果から、セラピストの内側では、イメージの形での理解が生成され、次々に広がっていくような体験がなされていることが示唆された。たとえば、「変身ロボ」という玩具から、「分身」「自己像」「変わっていく」というイメージが賦活されていった。これは、「変身ロボ」のもつ象徴的なイメージが広がっていったのだと考えることができる。河合(2000)は、「イメージは象徴性をもつ」(p.9)と述べて、その性質を検討しているが、ここに挙げられたような一つのイメージ表現にも、さまざまな象徴的な意味が付帯していると言える。河合は、ここでの象徴の意味について、Jung(1921/1987)の説明を挙げて、「象徴的表現をある既知のものの類似物あるいは略称と説明するとらえ方はどれも記号的把握である。象徴的表現を比較的未知のものの考えられるかぎり最善の、したがってまずはそれ以上明瞭あるいは性格的には全く表すことのできない定義だと説明するとらえ方は、象徴的把握である。象徴的表現を既知のものの意図的な言い換え、あるいは変形と説明するとらえ方は寓意的把握である」(pp.9-10)と説明している。このように、今回、ここに挙げられた「分身」「自己像」「変わっていく」のほかにも、さ

141

まざまなイメージが賦活されている可能性も考えられるが、セラピストが考えられるかぎり最善の、未知の可能性であるものとして捉えていった結果、このようなものがピックアップされたのではないかと考えられる。河合（1991）が、イメージの自律性を指摘したように、実際には、心理臨床家の中で瞬時にイメージが広がり自律的に展開していくことが生じているのであろう。

　このように、イメージが象徴的な意味合いをもちながら、さまざまな広がりを見せていくことが示唆された一方で、分析1の結果からは、心理臨床家のこころの動きとして、イメージに関連性を見出していく体験と、イメージから展望性を見出していく体験という二つの特徴もまた示唆された。たとえば、前者の特徴を見ると、共通するイメージをもつ表現同士が結びつき、セラピストの中である一定の意味や理解が生成されていた。あるいは、後者の特徴を見ると、賦活されたイメージの中から展望性が見出され、セラピストの中での見立てや理解が生成されていた。つまり、「読む」という体験過程でも指摘されたように、クライエントの表現から意味を読み取り、流れの筋を読んでいくことが行われていたのである。ここでは、イメージ同士の関連を見出して新たな意味や理解を生成するセラピストの能動的な動きや、展望性を見出して見立てを形作っていくセラピストの能動的な動きがあったのだと考えられる。言い換えれば、自律的な性質をもって広がっていくイメージに対して、セラピストが自らの主体を関与させることで、関連性や展望性を見出していく動きが起こっていたのだと考えられる。ここに、おのずと生成されるイメージに開かれ、そこにセラピストの主体を関与させて、意味や理解を見出していこうとするような心理臨床家のこころの動きがあると考えられるだろう。そしてこのように、意味や理解を見出す際の判断過程においては、専門的な視点と知識が基盤にあると考えられ、思考的な要素も働いていると考えられる。

　つまり、イメージの形で生成してくる理解にも開かれて直観的な要素を働かせつつ、セラピストとしての視点と知識によって、そのイメージに対して思考をして全体の筋を見出していくという要素も働いていると考えられ、これが、セラピストのプロセスを読む過程での内的体験の一部として考えられるのではないかと示唆された。

第6章　専門家のこころの動きの個別性と普遍性

（2）心理臨床家の視点や理解の共通性

　上述した過程を通して生成されてくる、イメージや理解などは、専門家としての共通性や普遍性がどの程度あるものなのだろうか。ここでは、数量的な検討を行った分析2の結果から考察を加えていきたい。

　まず、心理臨床家が着目するエピソードについては、事例報告中の24％というごく限られた箇所であり、そのうち、2名以上の心理臨床家が共通して着目した箇所は48％であったことが示された。ここから考えられることは、長い事例報告の中でも、心理臨床家が特に着目するエピソードは限られており、精度が高く一致する可能性があるということである。ゆえに、心理臨床家が事例のプロセスを読む際に重視する点あるいは考察の根拠とする点は、共通性が高いことが示唆された。また、そこから導き出される心理臨床家の理解の一致率については、事例概要の箇所での一致する割合が、プロセス全体でのそれに比べて有意に高いということが統計的に示された。ここから、生育歴や問題歴の情報を手がかりにして事例の見立てをする箇所では、心理臨床家の視点や理解が心理臨床家間の違いを超えて共通性をもちやすいと考えられた。

　つまり、今回得られたこれらの結果から、二つの特徴が考えられる。まず一点目として、心理療法の過程においてクライエントの表現から、イメージの形で何らかの理解が心理臨床家の側に生成してくる契機として、心理臨床家が着目するエピソードには、ある程度の共通性が見られたと考えられる。今回の結果では、心理臨床家が理解をはかるために"着目する箇所"は、事例報告のたった24％という限られた箇所であった。それにもかかわらず、その24％の中で、複数の心理臨床家が共通した箇所に着目していた。これは、心理臨床家としての着眼点に普遍性があるためだと考えることが可能である。このようなことから、心理臨床家としての専門的な視点が共通性をもって働いていることが示唆され、心理療法において"着目する視点"には何らかの普遍性が存在していると考えることができるだろう。

　また二点目としては、統計結果から考えられるように、事例概要の情報から理解を生成する箇所では、心理臨床家間に共通した普遍的な理解が形成されやすかったものの、心理療法開始後のプロセス全体の箇所では、心理臨床家間の共通

する理解が生じにくかったことがある。ここから、どのように考察できるだろうか。これは、心理療法が開始されると、その場でのセラピストの体験が含まれてくることが影響しているのではないかと考えられる。つまり、事例概要の部分では、セラピストの体験が入らない客観的な情報が多いために、共通した専門的な理解が生じやすいが、心理療法のプロセスにおいては、その場でクライエントとセラピスト両者の間に生成されるものが体験され、互いの交絡の中で生まれる理解が生じてくるため、担当セラピストとコメンテーターの間の共通性が少なくなっていると考えられる。この過程においては、担当セラピストとそれ以外のコメンテーターの間では、理解に相違がみられることもあり、やはり心理療法内での直接的な体験からもたらされる担当セラピストの理解とは質が違うものとなると考えられる。ここには、客観性を方法論とする科学との一番大きな違いがあると言えるだろう。心理療法過程において、セラピストが行うクライエントの理解は、自分自身を関与させて、その体験の中で生じる要素が入り込んでいると言え、それ自体には非常に意味があるが、一方で、担当セラピストではない第三者の視点だからこそ捉えられる部分もある。このような特徴が今回の結果にも反映されているのではないだろうか。これらの両義性を認識したうえで、担当のセラピストは、そこで生じる体験に基づいて理解を進めていく必要があるのだろう。

　以上から、数量的な検討からは、事例報告の中で心理臨床家が着目するエピソードは高い精度で共通性がみられること、また着目したエピソードから生成される考察についても、事例概要に関する客観的な情報に基づく理解については共通性がみられることが示唆された。しかし一方で、心理療法が展開していくにつれて、実際に事例を担当したセラピストと、それ以外のコメンテーターの間には、イメージや理解にズレが徐々に生じてくることも示唆された。これは、心理臨床家が、皆に共通する専門的な視点をもつ専門家であると同時に、クライエントと対峙する過程で生じる自分自身のこころの動きを通した理解を用いる専門家ということが表れた結果だと考えられた。

(3) 次章に向けて

　本章での検討は、一事例に基づくものでもあり、これらの特徴が他のケースで

も同様に見出されるか否かについては、今後詳細な検討を重ねていく必要がある。特に、心理療法の場で生成されるイメージや、セラピストが判断する意味や理解の内容は、個々のケースに応じて異なると考えられる。なぜなら、クライエントに関する理解の内容は、そのクライエント自身がもつテーマや事例の展開に応じてそれぞれ異なると考えられるためである。しかし、今回みられたような体験のプロセスの構造の面は他のケースにも共通する部分があるのではないかと考えられる。その構造とは、心理療法の場で生成されたイメージに開かれつつ、関連性や展望性を見出して、意味や理解を形作っていくというセラピストのこころの動きである。これは、セラピストが自らに訪れてくるものに受動的に開かれつつも、能動的に思考をしようとするプロセスであると言える。このようなこころの動きを通して、クライエントの理解を行っていく担当のセラピストが、第三者の心理臨床家と共通する視点をもちつつも、事例の展開に応じて差異がみられていくという今回の結果は、セラピストが心理療法の場で生じていることを体験しつつ、専門的な視点や知識を基盤にしていることを示唆するものでもあるだろう。これは、心理臨床家が、皆に共通する理論や知識を背景にした視点をもった専門家であると同時に、そこで展開されているこころの内的な動きを直観的に捉え賦活されるイメージを受け取っている専門家でもあることを示しているとも考えられる。

　本章では、公刊事例を用いて、セッションの流れという視点を導入し、心理臨床家の内的体験過程をよりマクロ的な視点から考察することができた。しかし、本章での検討では、実際にその場で体験された心理臨床家のこころの動きがクライエントの変容にどのように関連しているかまでは論じえなかった。そのためにはやはり、心理臨床家の内的体験の流れとクライエントの変容をより細やかに捉えていくことが求められる。この視点をもちつつ次章の検討に移りたい。

注
*1　複数の異なる学派のセラピストが同一事例を解釈する試みは、他にも『心理療法の交差点──精神分析・認知行動療法・家族療法・ナラティブセラピー』（岡昌之・生田倫子・妙木浩之編著，新曜社，2013）、『心理療法の交差点2──短期力動療法・ユング派心理療法・ス

キーマ療法・ブリーフセラピー』(岡昌之・生田倫子・妙木浩之編著，新曜社，2016)、『特集 心理療法入門——各学派から見た1事例』(臨床心理学，7(5)，2007)などがあるが、本章の目的に合わせて、担当セラピストと各コメンテーターのコメントが事例の流れに沿って行われている当該文献を用いた。
* 2 なお、本章執筆にあたり、日本評論社から転載許可を得ている。
* 3 本章における目的は、事例のプロセスを読んでいく体験過程を追っていくことである。そのため、事例の流れに沿ってセラピストの体験が細やかに記載されている事例を用いることを優先した結果、プレイセラピーの事例になったが、これまでの章と同様、心理療法として扱っていく。
* 4 a-18は対応する事実表記がみられないものであった。

第7章 心理臨床実践における実際
二つのケースをもとに

1. 臨床事例から見るこころの動き

　ここまでは、これまでに体系立った検討をされてこなかった聴き手のこころの動きについて、非専門家群の聴き手との比較調査や公刊事例の検討という手法を用いて、その性質を明らかにすることを試みてきた。ここまでの検討で描き出されてきた、心理療法における聴き手のこころの動きとは次のようなものではないだろうか。心理療法の過程において、聴き手の内側では、思考的要素、感情的要素、感覚的要素、直観的要素という四つの要素が関連し合って働き、その過程でクライエントのこころのありようが、まずはイメージの形で生成してくる可能性が見受けられた。そして、心理療法過程で聴き手は、その生成されたイメージに自らを開いておくと同時に、主体的に深く関与しようとしていることが示された。そうすることで、生成され自律的に広がっていくイメージに対して、関連性や展望性を見出していこうと試みることになると考えられた。このように、さまざまな角度からの検討で、その性質が少しずつ浮かび上がってきたが、こうした聴き手の内側に生じてくる体験が、実際の心理療法や心理臨床実践の中でどのような働きをしているかについては、いまだ検討の余地がある。そこで最後に、本章では、ここまでの調査研究によって明らかとなった心理療法における聴き手のこころの動きを、臨床実践の場で検討し直すことを目的とする。

　まず本章では、ここまで検討してきた聴き手の内側に生じてくる体験が、クライエントの変容にどのように関わっているかを検討するために、筆者が行った臨床事例の検討を通して、クライエントの変容とセラピストのこころの動きの関連

について論じる。さらに、ここまで部分ごとに検討してきた専門性が、事例の中でどのように見られるかについても考察することを目指す。本章では、言葉での意思疎通が難しかったクライエントとの事例（事例A）と、セラピストが事例の経過中にみた夢（事例B）を取り上げる。

　これらの事例を本章に示そうと考えた理由は次の通りである。まず、事例Aに関しては、当該クライエントとは言葉でのやりとりが難しかったがために、よりいっそうセラピストが自分自身の内側を働かせることが求められた事例であったという特徴が影響している。クライエントと出会った当初は、まだ言葉が出づらく、両者の間に漂う言葉がどの程度共通の意味をもっているのか、また、セラピストからの言葉かけが、どの程度クライエントに届いているのかがわかりづらく、言葉を媒介した意思疎通に難しさが見られた事例であった。言葉を介在させないぶん、心理療法の過程でのクライエントのさまざまな表現に対して、セラピストのこころは言葉以前の領域にまで開かれていることが常に求められていた。これはある意味で、セラピストのこころの動きとしての内的な体験過程を特に意識化し、細やかに言語化してきた事例であると考えられる。このような理由から、事例Aは、ここまでの章で明らかになってきた性質が、実際の心理療法の事例の中でどのように展開しうるのかを検討するのに相応しい事例だと考えられた。

　一方、実際の心理療法の過程には、これまで検討してきたことを超えた動きが展開されることもあるため、ここまでの章で明らかになったことだけではなく、見逃していたことにも目を向ける必要があると言える。これを検討するためには、河合 (1988) が「治療者の見るクライエントの夢は、クライエントのことや、クライエントとの関係などについて多くの情報を与えてくれる」(pp.9-10) と指摘しているように、セラピストが見たクライエントの夢を素材とする方法が考えられる。河合 (1988) は、さらに、「治療者・クライエントの関係について、無意識からのメッセージが何らかの意味で必要なときに夢を見るわけで、その点に対する意識的検討を何らかの形で必要としている」(p.4) と述べている。言い換えれば、事例経過中のクライエントに関するセラピストの夢を検討することで、クライエントとの間で無意識的に展開する聴き手のこころの動きを考察できると言えるのではないだろうか。そこで、本章では、事例Bの心理療法過程で見たセラピスト

の夢を取り上げて検討を行うこととする。当該事例は、意識的には他の事例と同様に、セラピストのこころを動かして毎回のセッションに臨んでいたが、当該事例に特徴的であった点は、心理療法の展開期に、セラピストがクライエントの夢を見るという体験が何度か生じたということである。このような特徴がみられた事例であったために、本章で検討することに相応しいと考えて取り上げることとした。

2. 事例A

(1) 事例Aの概要と展開

　ここでは、小児急性脳症のために発達の遅れがみられた児童期女児のクライエントAとのプレイセラピーを通して、セラピストのこころの動きとクライエントの変容との関連について論じる。この事例は、クライエントからの言葉が曖昧であり、セラピストが言葉を通してAの体験を了解することが難しかった事例である。さらに、セラピストの言葉もクライエントにどの程度理解されているかという点も判断がつきにくい状態からスタートして、1年半ほど経過した頃の報告である。しかし、やりとりに言葉を介在させないぶん、クライエントのさまざまな表現に対して、セラピストのこころは、言葉以前の領域にまで開かれていることが求められたように考えていた。それゆえ、この事例にとっては、セラピストの内的な体験がより大きな意味をもっていたと言えるのではないだろうか。

　セラピストのこころの動きが心理療法の展開にどのように影響していたかを考察するために、ここでは、心理療法の様子とセラピストのこころの動き（以下では**ゴチック体**にて示す）を並行して記述することで検討を進めていく。なお、文中の「　」はクライエントの言葉、〈　〉はセラピストの言葉とする。

【第1期】

　初期の頃のAとの遊びは、セラピストに対するAからの働きかけはほとんどなく、また、セラピストがAにかける言葉にもあまり反応することがなく、部屋のあちこちをうろうろとしながら遊びも一つに定まらない様子であった。たとえ

ば、レゴブロックを一つずつ積み重ねて高い塔のようなものを作ろうとする遊びが初期の頃の定番であったが、Aは、レゴバケツに手を入れて偶然ふれたブロックを手に取って積み重ねていこうとするため、安定性とはまりが弱く、すぐにぽきっと折れてしまうことが続いていた。うまくいかずに諦めて別の遊びにうつっていくAを見て、セラピストは、もどかしい気持ちを感じつつもその場を共に体験していた。Aはその他にも、砂場にシャベルをつっこんでわずかにすくえた砂をどこともなく飛ばしたり、直径2cmほどの木製のビーズを手当たり次第部屋中に転がしたりして遊んでいた。砂やビーズまみれになった部屋でAと共にいるセラピストは、Aの体験する世界もまた、方向性や目的性が乏しく、曖昧で漠然としたものではないかと感じられた。対象が漠然としているのは、自他の区別の曖昧さが影響しているのかもしれない。それはちょうど、真っ白な霧に覆われた世界を彷徨うような感覚で、どこに向かうかも何をするかも心もとない感覚なのだろうというイメージが浮かんだ。

#3
　そこで、セラピストは、Aの投げたビーズがちょうどセラピストのもとに飛んできたときにAに投げ返してみようと考えた。すると、自分のもとに投げ返されたビーズを見て、「きゃはは！」とそれまでで一番の笑い声をあげ、途中から特定のビーズの行方を気にして追いかけることもあった。依然として部屋をうろうろとしたり、目についた玩具に飛びつき、特定の遊びが定まらなかったりする様子はみられたものの、Aの内側に、対象の方向性がわずかに定まっていくイメージがセラピストの中に賦活された。

　心理療法が始まってしばらくすると、水道の蛇口から出てくる水をめぐる遊びがAのお気に入りの遊びになり、長い時間を水の遊びで過ごすようになった。たとえば、当初は蛇口から流れ出す水をコップに入れては、そのまますぐに水道場にこぼすことをくり返したり、水をつかもうと熱中して触るのをくり返したりしていた。自分がびしょ濡れになっても気づかず夢中になる様子から、セラピストは、Aが、水という胎児がふれる世界に近いものにふれ、感覚的・体感的な次元

第7章　心理臨床実践における実際

から世界を体験し直している印象をもった。また、一つのものに留まれるようになってきた変化も感じていた。

さらに、レゴブロックを積んでいく遊びの中でも変化がみられ、以前は落としても気にせずそのままになっていたブロックを、落としたら毎回探して拾う様子が多くなっていった。また、固くて外せないブロックの塊をセラピストに渡して、外してもらうのを期待して待つこともあった。セラピストは、それまでとは違い、対象が定まり方向性が出てきた世界を、Aが体験していることを感じていた。それはまるで、霧の中でわずかに視界が開けてきたような世界を体験するイメージであり、その場を共に過ごすセラピストにも、Aの体験する世界が変わりつつあることが感じられていた。

#8
　そのようなタイミングと重なり、Aが水を入れたコップを持ち、その場でぐるっと回る様子をみせるようになった。**セラピストは、もしかしたら水道場以外に、こぼす場所を探しているのかもしれないと感じた。**

　セラピストの言葉がAに伝わるか心配しつつも、〈あっちにこぼしてみたら？〉と砂場を指さしてみると、Aにその言葉が伝わり、その後Aは砂場と水道を行き来して、コップに入れた水をこぼすようになった。それを毎回のセッションで数十分間熱中してくり返すようになり、**Aの体験する世界が広がっていった。**

【第2期】
この時期になると、プレイルームまでの廊下を走って移動したり喃語調ではあるがおしゃべりが多くなったりと、**身体的な軸もはっきりしてきた印象であった。**水の遊びでも、水をこぼす際にはコップを左右に振ってその軌道を見たり、砂に水が染み込んでいく様子を「これ！」と見つめたりするようになった。こぼす場所も、砂場だけではなく床に広がり、床にできた水たまりにごろんと寝転ぼうとすることもあった。

それに伴い、遊びの幅にも広がりがみられた。たとえば、おままごとの包丁を

持ちマジックテープでくっついた野菜を切ろうとしたり、これまで一切興味をみせなかった棚に置かれた箱庭のアイテムをじっくりと見て家具と家具を組み合わせて遊ぶことも出てきたりした。ここから、「切る」「つなげる」といったこころの動きを感じ、対象同士の関連に興味が出てきていると考えられた。この背景には自分自身と世界が一続きではなく、自分自身と対象の間に区切りが生じるようになったこと、対象が対象として明確になってきていることが影響していると考えていた。さらには、鏡をじっと覗き込むことも増え、鏡の前で口を開いたり笑顔を作ったりして自分の顔を見ることが多くなった。ここから、対象だけではなく自己の感覚も明確になっているのだろうと感じていた。

　さらにこの時期になると、これまで水を入れていたバケツを床に置いて少し離れた場所から見てみたり、セラピストをじっと見て固まったりと、これまでとは異なる、Aからの対象への働きかけがはっきりとみられるようになった。時間を共にしながら、セラピストは新たな展開が生じそうな予感を抱いていた。

＃13

　固まってセラピストをじっと見つめることが数分間続いたこのセッションを取り上げる。〈どうした？　Aちゃん？〉〈トイレ？〉など聞いてみるも、反応をせず、じっと見つめている。しばらく見守っていると、お腹を押さえるしぐさをするので、〈お腹痛い？〉と問うと、お腹を指さす。困ったような顔でセラピストをじっと見つめる。〈うーん、痛いね。トイレ行ってみようか？〉と立ち上がるも、Aはこれまでまったく興味を示さなかったペンの棚へ行く。紙を渡すと初めてお絵描きをして、さまざまな色のペンに持ち替えて、錯画をする。言葉にはならない感覚的な何かを、このように表現しているのだろうかと考えつつも、その錯画がまるで花火のようにとてもきれいだと感じて、Aの表現に色が出てきたことやAの内から出てくるものが、このような形で表現されるようになったことに思わず感激していた。

　だが、途中からまたAは、セラピストの顔を見て何か言いたげな表情をする。〈どうしたかなぁ？〉としばらく見守っていると、またお腹を指さす。〈痛い？〉と聞くと、今度ははっきりと「いたいー」と、か細い声だが主張をする。

場面にぴったりと合うような、意味の通る言葉をプレイルーム内でここまではっきりと発したのは初めてのことだったのでセラピストは驚いてしまった。〈お腹痛いね。そしたらトイレ行こうか〉と言うと、「と！」〈うん、トイレ行こうか〉「れ！」とトイレと言いたいのだろう。ここまで何かをはっきりとセラピストに伝えようとすることもまた初めての動きで、セラピストが、Aの意志や目的などをはっきりと感じた瞬間であった。また、ここには、自分の体の外側と内側、あるいはプレイルームの外側と内側をめぐって、内側と外側のテーマが感じられ、境界の成立とともに内と外の成立が生じつつあることを考えていた。

その後も、お腹を指さして何かをアピールしたり、転んでできたと思われる膝のあざを指さしてみせたりと、セラピストに働きかける動きが多くなっていった。言葉はまだ不明瞭のため、セラピストはAの意図が明確につかめることばかりでなかったが、Aは、自分の発したことで相手が何らかの反応を示すことに楽しさを感じているのだろうと理解し、こうしたやりとり自体を共に体験することに意味を感じていた。

【第3期】
　この時期になると、お絵かきが定番の遊びに加わるようになった。紙に、ペンや色鉛筆を押しつけて、錯画をすることが多くなった。Aの思いが霧のように拡散せずに、内側に溜まるようになったために、外側への表現として形づくって出すことができるのだと考えていた。
　また、これまでセラピストから告げられるセラピーの終了の合図に、茫然と固まったり嫌がったりする反応をみせていたが、この時期になると、自ら終了時刻近くになるとドアの前で「ばいばーい」と言ってみたり、退室間際に散乱していた色鉛筆を片づけたりするようになった。ここにも、連続性の中に自ら区切りをつけられる動きが生じていることが示されていると考えられた。
　さらに、「あのね、あのね」「いくよ」「なに？」「いや」「こっぷ」など、セラピストと共有できる言葉も豊富になり、セラピストの方も、Aと世界を共有してい

ると感じられることも多くなってきた。「かれー」と言いつつ、野菜の玩具を切るのを見て、〈カレー作るのね、Aちゃん〉と返すと嬉しそうににこにこしてくれたことからは、まさに同じ空間で共に対象を共有して、一つの方向性に向かっている様子が感じられて、セラピストも素直に嬉しい気持ちになった。その後のセラピー過程では、Aが「せんせー」とセラピストに呼びかけ、〈はーい〉と答えると、「あのな」とお話をする時間が多くなってきた。この時点では、Aの体験する世界は、真っ白な霧に覆われた世界ではなく、遠くまで見通せる方向性・展望性のある世界にまで広がり、そこには玩具やセラピストなどの対象が存在して、関連性・共有性を楽しめる次元にいるのではないかと感じていた。

　その後も、言葉は不明瞭でやりとりに難しさは残りつつも、セラピストの述べることがAに伝わったり、Aからセラピストに働きかけたりすることがずいぶん多くなってきた。遊びを共有する過程で生き生きと楽しそうにセラピストと歌を歌ったり、うまくいかずにもどかしくて怒りを表出したりと、Aの情緒の流れもスムーズになってきた。Aとの心理療法過程は、この後も次のテーマが動き出して、まだ続いていくが、本章での報告はここまでとしたい。

(2) 事例Aの考察

　この事例では、クライエントと言葉を介したやりとりが乏しくとも、セラピストの内側にはさまざまな層で体験が生じていた。以下に、詳細に検討を加えていきたい。

1) セラピストのこころの動き

　事例の展開を見ると、セラピストのこころには、第6章までで検討してきた四つの要素の関連や、場に生じるイメージを捉え、関連性と展望性を見出す動きなどが働いていることが示唆された。

　たとえば、まず第4章で見出された四つの要素について、初期の頃の記述を追ってみたい。「もどかしい気持ちを感じつつもその場を共に体験していた」のはセラピストの内に生じた感情的な要素であり、「砂やビーズまみれになった部屋でAと共にいるセラピストは、Aの体験する世界もまた、方向性や目的性が乏

しく、曖昧で漠然としたものではないかと感じられた」のは、その場を体験しているセラピストの身体感覚を伴った要素であろう。さらに、そこから生じた「**対象が漠然としているのは、自他の区別の曖昧さが影響しているのかもしれない**」という理解は、セラピストが専門的な知識や視点を働かせて辿り着いた思考的な要素であり、「**霧の中でわずかに視界が開けてきたような世界を体験するイメージ**」が浮かんだ体験は、直観的な要素であると考えられる。

　このように、四つの要素がすべて体験されていることが示唆された。それでは、これらの要素は、この場面においてどのように機能していたのであろうか。まず、感情的な要素や感覚的な要素は、一見するとセラピストの内に生じてきた個人的な感情や身体的感覚のようである。セラピストの単なる個人的な感情や感覚であると捉えると、それが心理療法の場で有用な意味をもたないが、しかしそれが心理療法の場で生じたものであると考えると、クライエントのこころの理解につなげていくことが可能となる。ここでも、単にセラピストがもどかしく感じたり、曖昧で漠然とした感覚に襲われたりしたことを個人的な体験に帰せず、クライエントと二人で同じ空間を過ごしているがために生じてきた感覚や感情であると捉えることが行われている。そのようにすることで、セラピストがその場で感じた感情や感覚から、クライエントのこころの理解につながるのであろう。一方で、直観的要素はセラピストの内側にはイメージの形で現れてきている。この場面でも、霧の中でわずかに視界が開けてくるイメージが生じているが、これはなにか具体的な思考過程や論理的な道筋を経て生じてきたわけではなく、クライエントのありようがこのような形をとって理解されたのであった。おそらく、いまだ言葉にならないような、クライエントの新たな可能性や変化の兆しなどを捉えたセラピストの前意識的な部分が機能して、イメージという形を形作っているのではないかと考えている。そのような意味では、直観的な把握としか言いようのない理解の仕方が働いていると考えられるのではないだろうか。そして、それらを総合して、専門的な知見から判断を下す際に生じてくる思考要素は、心理臨床的な理解や視点を形作る際に用いられている。まとまりのない、感情や感覚、直観などの要素を心理臨床的な視点からまとめて了解していく際に、思考的な要素は重要な役割を担っているのであろう。これらの要素ははっきりと四つに分けられ

るものではなく、それぞれが関連し合うことで、全人格的に機能していると考えられる。このように、さまざまな層が賦活され、セラピストが意図的に行っている部分と、セラピストの意図を超えて生じてくる部分と、どちらも含まれていることが、こころの動きとして特徴的であると考えられる。

　次に、第5章および第6章で見出された、場に生じるイメージを捉え、関連性と展望性を見出す動きについて、心理療法の過程の記述を追ってみたい。ここでは、クライエントとの第1～2回目のセッションの中で、セラピストの内に賦活された、「真っ白な霧に覆われた世界を彷徨うような感覚で、どこに向かうかも何をするかも心もとない感覚なのだろうというイメージ」の生成に着目をしてみたい。これは、Aのありようを瞬間的に把握できるようなイメージであり、同時に今後の展望性を含んだものでもあったと考えられる。なぜなら、第3回目のセッションの中で、「Aの内側にある対象の方向性がわずかに定まっていくイメージがセラピストの中に賦活された」という体験が生じていることから、第1～2回目のうちにすでに、Aの中の新たに生じつつある可能性を直観的につかんで、その他のさまざまな感覚、感情を活かし、専門的な視点から思考することで、今後の展望性を含んだ初期の見立てを形成することになっていたと考えられるためだ。さらに、第8回目の直前のAの様子から、「霧の中でわずかに視界が開けてきたような世界を体験するイメージ」が生じていることからも、当初セラピストの中に賦活された直観的な理解が、実際の心理療法の過程で起こってきているとも考えられる。このように、セラピストとクライエントの間に生成されたイメージを捉え、流れの中で関連づけ、今後の展望性を見通していく体験が行われていることが示された。

　このように、第6章までの検討を通して明らかにされてきた、セラピストのこころの動きとしての内的体験過程のありようが、実際の心理療法の展開の中にもみられるという事実は、的確にその体験の一側面を捉えることになっていたということを示唆している。

　本項では最後に、ここまで各章ごとに別々に検討されてきた、これらのさまざまなこころの動きが心理療法の中でどのように関連し合い、動きを織り成しているかについて、考察を試みたい。1回分のセッションを取り上げた、第3回目、

第7章　心理臨床実践における実際

　第8回目、第13回目の記述を見ると、クライエントによって表現されるこころの動きを一つひとつ受け止め、それに応じて刻々と、セラピストもまた体験をし直している過程が示されている。たとえば、第13回目では、当初はAの新たな動きに驚く体験とともに、あれこれと予想をしながらその場にいるうちに、描画をしだすAを前にして「言葉にはならない感覚的な何かを、このように表現しているのだろうか」と感じ取ろうとしている。そして、「いたいー」とはっきりと言葉で自己主張をしたAに、再び驚きを感じ、「**境界の成立とともに内と外の成立が生じつつあることを考えて**」いる。実際の心理療法の過程では、ここに描き出された以上に、瞬間ごとに生じるクライエントの表現に応じて、セラピストの方もまた、刻々と体験をし直し、それを捉え直していくことが行われていると考えられる。このようにして、その場で展開されるクライエントの表現に、毎秒ごとに能動的かつ主体的にセラピストの主体を関与させていると言えよう。そのように関わることで、一つのつながりのある動きとして、セラピストがクライエントの表現を理解していけるのであると考えられる。

2）クライエントの変容への関連

　それでは、上述したようなセラピストのこころの動きが、クライエントの変容とどのように関連していたと考えられるだろうか。精神分析では、古くから"解釈を投与する"という言葉が用いられるように、セラピストの理解をクライエントに伝えることでクライエントの変容につながると考えられてきた。しかし、今回の事例では、セラピストは、専門家としての自身の理解をクライエントに伝えたり解釈をしたりしているわけではない。それでは、どのように事例の展開に影響を与えていたと考えられるだろうか。
　本事例でセラピストは、心理療法の場を通して考えたこと、感じたこと、理解したことなどに開かれ、それらを内側に保ちつつ毎回のセッションでクライエントと場を共にしていた。言葉によるやりとりは多くはなかったものの、心理療法の場で生じるクライエントの表現を受け止め、理解しようとしていた。ここには、クライエントの表現と関係性をもとうとするセラピストの主体的な動きが存在している。このように、心理療法を通して生じた体験とそれに基づく理解を内側に

157

漂わせるという、主体的かつ能動的な動きをもった状態で、セラピストが面接空間に存在し、クライエントに会うということが一つのポイントではないかと考えられる。

このような存在のセラピストが生み出す働きは、事例によってさまざまであると言えるが、本事例においては、セラピストはおのずとクライエントの変容に求められる対象となる形で、その場に存在することが可能となっていたことが重要な点であったと考えられる。たとえば、事例の中で、方向性をもたらす契機となる存在として（#3）、あるいは、世界が開ける契機となる存在として（#8）、意思を伝えられる存在として（#13）、セラピストが自らに与えられた役割をとることができたのは、心理療法の場を通して考えたこと、感じたこと、理解したことなどをもってクライエントと場を共にしていたからであると言えるだろう。それによって、その時々のクライエントの変容にとって、意識的にも無意識的にも必要とされる役割を、セラピストは直観的に感じ取ってその場に存在できるのではないだろうか。こうした意味で、クライエントの変容にとって、触媒のような働きをすることができるのだと考えられる。

また、セラピストを通してクライエントの表現が意味をもち、つながっていったこともまた、本事例の重要な点の一つだったと考えられる。特に、霧の中を彷徨うような世界を体験するクライエントにとって、クライエントの表現は拡散し留まらないものだったと考えられる。それが、心理療法の場を通してクライエントの表現からセラピストが意味を見出し、それらの意味をつないで留めておく役割をおのずと果たしていたのではないかと考えられる。上述したように、その場で展開されるクライエントの表現に、刻々と能動的かつ主体的にセラピストが主体を関与させることは、セラピストのこころが動き続けることになるだけではなく、クライエントの断片的な表現をつなぎとめることになるのだと考えられる。このように、クライエントの表現を一つの展開として理解する存在であるセラピストと面接空間で共に過ごすこと自体に、クライエントの変容を支える力があるのではないかと考えられる。

あくまで本事例における考察ではあるが、自らのこころを動かすセラピストがクライエントと面接空間を共にすることで、クライエントの変容を支える役割を

果たしていたことが示されたと言えよう。

3. 事例B

(1) 事例Bの概要とセラピストの夢をめぐる展開

　事例Aで検討してきた意識的な性質に加えて、セラピストのこころの動きには、より無意識的なものも含まれると考えられる。セラピスト自身がそれに気づくのは簡単なことではないが、たとえば、セラピストが事例の経過中に見る夢などはその一つの例である。前述したように、セラピストが見るクライエントに関する夢は、事例の展開を反映し、セラピストの理解を深めることにつながるとされている (河合, 1988)。

　ここでは、あるクライエントとの面接の過程で見た、セラピストの夢を取り上げる。前述したように、当該事例は、心理療法の展開期に、セラピストがクライエントの夢を見ることが何度か生じた点が特徴的であった事例である。そこで、この夢を素材として、セラピストのこころの動きとしての夢が心理療法の展開にどのような影響を与えるかについて考察を加えていきたい。

　なお、セラピストの夢を中心に検討を加えるため、事例の概要は簡略なものとする。クライエントBは、他者とのコミュニケーションに難しさを抱えて相談にやってきた発達障害傾向のある思春期のクライエントである。当初は、事実に基づいた語りが多く、決断は周囲の大人任せであるといったように、自己の曖昧さや主体の弱さがみられていた。しかし、徐々に自分自身の実感を伴った語りがなされるようになり、自己の感覚や感情が分化されてきて、少しずつ心理療法が展開していたと感じていた。その頃に、セラピストが見た夢が次のようなものであった。

セラピストの見た夢①（#43後）
　相談室の受付窓をあけると待合室のような場所が広がっている。数人のセラピストが自分の担当のクライエントの名前を呼んでいる。セラピストも名前を呼んだのか、Bが立ち上がって受付に来る。セラピストの方に来た

と思ったが、なぜか別のセラピストの方に行って話しており、なぜだろうと不思議に思う。

　この夢を見たセラピストには、二つのイメージが賦活された。一つ目は、「セラピストの方に来たと思ったが、なぜか別のセラピストの方に行って話しており、なぜだろうと不思議に思う」という部分から生成された、「出会えない」というイメージである。約40回目の面接を迎えた頃になっても、本質的にはBと出会えていないことが強く印象に残っていた。Bが、他者であるセラピストと出会えないという夢の中の状況から、クライエントの内にいる他者がいまだ漠としたものなのかもしれないと考えたことで、改めて面接の中でのセラピストの存在について思いをめぐらせる契機となった。
　しかし、それと同時に、「セラピストも名前を呼んだのか、Bが立ち上がって受付に来る」という部分から、「一人で立ち上がる」という二つ目のイメージが賦活された。これまで主体の弱さがテーマとなっていたクライエントが、一人で立ち上がり歩いてくるという夢の中の状況を通して、クライエントの自己が明確になり、ぼんやりとしていた主体が立ち現れてくるようなイメージがセラピストの中に生成されることとなったのである。この夢によって、今後の展開としては、これまでのクライエントとセラピストの関係性が変化し、固有の自己をもつ者同士として向き合うことになっていくのではないかと連想させられた。
　その後の面接過程では、過去のことを振り返って話をしたり、自分自身の考えを語ったりすることがみられるようになり、クライエントの内的世界の中に、対面の軸やリフレクトの視点が芽生えていったことがうかがわれた。さらに、Bからのセラピストへの質問や贈り物などの自発的な働きかけも多くなり、Bの内的な他者の存在が明確になってきたと感じられていた頃、セラピストは再びBの夢を見た。

セラピストの見た夢②（#67後）
　小学校のような場所で、小学生低学年ぐらいのBがいる。友達と笑って追いかけっこをしていて、セラピストの指導（セラピストは教師のような立場だった

のかもしれない)に反発して、笑いながらセラピストから逃げている。

　この夢を見たセラピストは、Bが実際の年齢よりもかなり幼い、小学生低学年のようなイメージで登場してきたことに驚きを抱くとともに、セラピストの能動的な関わり方にも目を向ける契機となった。ここでも、セラピストの内に生じた、二つのイメージを挙げる。
　まず、一つ目のイメージとしては、「**小学生低学年ぐらいのB**」および「**セラピストの指導**」という夢の部分から賦活された、「まるで幼い子どもに接するようなセラピストのあり方」である。これまでの面接を振り返ると、なかなか自分から言葉を出しにくかったBがなんとか紡ぎ出した言葉を、セラピスト側も意識してつなぎ、レシーブすることを試みてきたことに気づいた。それは、夢の中で登場した幼い子どもに接するような関わりだったのかもしれないと感じられた。しかしこの時期の面接では、沈黙になると自ら話題を出そうとするBの様子が思い出され、この夢をきっかけに改めてセラピストの関わり方に目を向けることとなったのである。
　さらに、もう一つは、セラピストに「**反発して**」、「**セラピストから逃げている**」という夢の中のBをきっかけに、「Bの内的な自己の自立」や「Bのやんちゃな子どもらしい部分」という新たな可能性についても目を向けることとなった。これまでかたかったBの様子がほぐれ、内的な自己がよりいっそう自立してきたのではないかということを、セラピストの内でもどこかで感じていたことに思い当たったのである。
　そしてその後のプロセスでセラピストは、面接過程において、こちらから言葉を出さずしばらく待つ姿勢をとることを試みるようになった。すると、その後は、Bの方から話題を出すことが多くなってきたと同時に、家族との関わりの中での思いを語ったり、自分自身の性格の傾向について思いをめぐらせたりする様子がみられ出したことも重なり、その後次第に自立のテーマが動き出していった。

(2) 事例Bの考察

　この事例におけるセラピストの夢については、セラピストのこころの動きにお

ける無意識的な要素が示されたと考えられる。セラピストはいまだ意識的には気づいていないが、面接空間を通してどこか直観的に受けとっているクライエントの内側の動きを、夢を通して体験したと言え、それにより、クライエントの中で生じている新たな可能性が、セラピストの中でこれまでのクライエントの理解とつながったと考えられる。以下に、詳細に検討を加えていきたい。

1) セラピストのこころの動き

ここでは、第6章までで検討してきた要素のうちの、直観的要素がより強く機能していたと考えられる。セラピストは、心理療法過程で生じていることを、さまざまに検討し、理解しようと試みるが、自分自身でも意識的には気づいていないことが存在すると考えられる。面接空間という場は、クライエントとセラピストがただ存在しているだけではなく、空気を通して途切れることなくつながり、身体の動きや声の震え、表情の揺れなどの言葉以外のものを互いにどこかで感じ取っているものである。ゆえに、意識的には気づいていないものの、面接過程を通じて感じ取った感覚、イメージ、変化を、こころの中での体験に留めているのだと考えられる。この事例では、それが、セラピストの夢として表れたのだと理解することが可能だろう。

セラピストの夢については、仲(2002)によれば、これまでの研究では、もっぱらクライエントの夢体験が取り上げられてきたと言え、セラピストの夢体験は注意を向けられることが少なかったと指摘されている。しかし、仲(2002)は、心理療法過程を相互変容的な過程とみなすならば、相互作用の観点から、セラピストの夢にも注目していくことが治療的に有意義であることを論じている。なぜなら夢は、夢見手の意識を超えるような第三者的な性格をもち、個人に還元し尽くすことのできない創造的な性質をもつと考えられるためである。言い換えれば、セラピストの夢もまた、セラピスト個人の体系に基づいて生成したものではなく、面接空間の中で生成されたという性質を含むものであると考えられるのである。

ゆえに、本事例においては、クライエントの内に生じている新たな可能性や、セラピストとクライエントの無意識的な関係性などのように、面接空間の中に存在しているものの、セラピストには意識されていないような性質のものが、夢と

なって生成されたと考えることもできるのではないだろうか。その例として、本事例の夢①における「Bが立ち上がって受付に来る」というイメージは、クライエントの主体が立ち上がりつつあるという新たな可能性を、夢②における「**セラピストの指導に反発し**」、「**セラピストから逃げている**」イメージは、クライエントの自己がやんちゃな子どもらしいという面も含みつつ自立していくという新たな可能性を示唆していたと考えられ、その後の展開では実際にこうした可能性にクライエントが開かれていく過程がみられている。このように、クライエントの表現から、すでにセラピストが受け取りつつも、いまだはっきりとは意識されていないクライエントの新たな可能性の部分が、直観的なイメージという形となって夢に表れていたと考えられるのである。あるいは、夢①における「**セラピストの方に来たと思ったが、なぜか別のセラピストの方に行って話しており、なぜだろうと不思議に思う**」というイメージは、本質的には出会えていない両者の関係性を、夢②における「**小学校のような場所で、小学生低学年ぐらいのBがいる**」というイメージは、幼い子どものようにクライエントを世話するセラピストとの関係性を示唆していたと言える。これらからは、セラピストとクライエントの関係性においてセラピストが無意識的には感じつつも、意識的には気づいていない部分が、夢という形で生成されたのだと考えられる。

　このように、本事例にみられたセラピストの夢は、クライエント理解を進め、面接過程を展開させる契機となっていったと言えるだろう。さらにこれらの夢は、驚きを伴ってセラピストの内側に登場しつつも、そのイメージと内的な対話をすることで、セラピストにはすんなりと腑に落ちるような理解となって体験されていることも特徴的であった。これを踏まえると、やはり面接経過中にセラピストが見るクライエントの夢は、面接空間の中に存在しているものの、セラピストには意識されていないような性質のものが夢となって生成されたと考えることができる。そして、それらと再度内的な対話を行うことで、セラピストの中で咀嚼されて、その後の面接過程に活かしていくことが可能となるのだと考えられる。

2）クライエントの変容への関連

　それでは、上述したようなセラピストのこころの動きが、クライエントの変容

とどのように関連していたと考えられるだろうか。

　本事例では、より直観的な層が賦活されていたと考えられるため、セラピストは、自らの意図を超えた部分にまで開かれておくことがポイントであったと考えられる。そこで、この考察でも、セラピスト"が"、あるいはクライエント"が"というような主体の意図的な働きだけでなく、それを超えたものにも目を向けつつ検討を加えてみたい。

　先にも挙げた、セラピストの夢を扱う意義を論じた仲(2002)は、心理療法過程をセラピストとクライエントが混然一体となって形作られる一つの生きている動的な場であると考え、心理療法過程におけるセラピスト自身の変容について検討することもまた、クライエントの変容を検討することと同様にきわめて重要なことであると論じている。これは、第2章で示したユングの逆転移理論と関連するところがある。

　このように、セラピスト自身の変容という視点を導入することで、本事例においても、セラピストはクライエントの夢を見たことで、それまでのセラピストの状態から何らかの変容が生じたと考えられるようになるのではないだろうか。今回は特に、セラピスト自身は意識していないが、どこかで感じ取っていたクライエントの内側の新たな可能性の兆しや二人の関係性のありようを、夢を通して理解したことで、次回のセッションからは、それまでよりも広い視野をもってセラピストは面接空間に存在することになったのだと考えられる。セラピスト自身は、意図的には中立性を保ちその場にいるつもりであっても、内的に変容が生じたセラピストは、クライエントの眼前でそれまでとは少し違う表情や態度をみせながら存在していたのであろう。それが、面接空間を通じてクライエントにも波及したことが、クライエントの変容にもつながったのではないだろうか。

　また、Jung(1935/1989)が「一人の人間は一つの心的な体系であり、それは他人に働きかけると相手の心的な体系との間に相互作用を引き起こす」(p.3)と述べるように、セラピストの変容だけではなく、面接空間自体が変わっていくこともまた生じていたのではないかと考えられる。夢を見たセラピストの内に何らかの変容が起きていること、そしてその状態で面接空間に存在し、クライエントとコミュニケーションをすること、これによってセラピストとクライエントの間に相

第7章　心理臨床実践における実際

互作用が生じ、面接空間自体に変容が生じていったのではないだろうか。これらは、セラピストやクライエント"が"意図的に行わずとも、自分自身のこころの動きに開かれたセラピストが存在することで、おのずとその空間に包まれ存在するクライエント自身もまた、変容の機序が働いていったと考えられる。

4. 考察

　ここまでの検討を通して得られた考察を、二つの視点から整理して、本章を締めくくる。まず一つ目は、本章を通して新たに見出された、セラピストのこころの動きについてである。基本的には、前章までに描き出された特徴が事例の検討の中でも見受けられたが、それに加えて、刻々と主体を関与させ続けるセラピストのこころの動きと、意識的にも無意識的にもクライエントの内に新たに生じてくる可能性に開かれているこころの動きが新たに示された。特に、クライエントのありように関する理解や心理療法の流れの理解には、直観的な把握の仕方が行われている場面が何度も見られた点は示唆的であったように考えられる。なぜなら、一般的に専門家といえば、専門的な知識や技術をもとに思考をすることで専門的な理解を形作っていると考えられることが多いため、このような直観的な物の把握の仕方をも用いていることは非常にユニークな点であると思われるからである。このような把握の仕方を可能とするのは、第3章から第5章に見られたように、心理療法場面では日常場面とは異なる独特な関係性や構造を形作っているためであるかもしれない。そのような非日常的な枠組みの中では、クライエントとセラピストのこころに丁寧に目を向けていくことになりやすいため、無意識のうちに本質的な部分をつかむという直観的な把握が機能しやすくなっている可能性があり、この点は心理臨床の専門性の一つとして興味深いものがあるだろう。このように、セラピストは、クライエントと共に過ごす心理療法の場で、考えたこと、感じたこと、理解したことなどに開かれ、それらを内側に保ちつつ毎回のセッションでクライエントと向き合っていると考えられ、さらに、意識的な部分だけでなく、より直観的な層に開かれて、新たな可能性や変容の兆しを感じ取っていることも示された。このように、セラピストは自分自身の内側の体験を刻々

と捉え直して、心理療法の場に存在していると言えるだろう。このことは、本章を通して、セラピストの体験過程を振り返ることで改めて明らかにされた部分であると考えられる。

　続いて、二つ目の視点である、セラピストのこころの動きが心理療法におけるクライエントの変容に与える影響について考察する。今回の検討で得られたことは、クライエントの表現やセラピストの理解、二人の間に生じつつある新たな動きなどのような、心理療法の場で生成されたさまざまなものをセラピストのこころの中に漂わせ、そこに意味や展望などを見出そうとして関わることで、セラピストはクライエントの表現をつなぎとめておくことになったという事実である。クライエント一人では宙に浮いてしまうような断片的な表現の数々に、セラピストが意味を読み取ったり展望を感じ取ったりすることで、一つの表現としてつないでいるのである。これはまるで、一つひとつの星を、形を読み取っていくことによって星座としてつないでいくことのようでもある。こうした働きによって、セラピストは心理療法の流れを読んでいくことになると言え、意識的にも無意識的にも、クライエントの新たな可能性の展開にとって必要な役割をとることになっていたと考えられる。

　このようにして、クライエントから生み出される表現に応じて、セラピストの側も刻々と変容をし、心理療法の場に漂うものもまた変わっていく。そして、クライエントの表現をこころの内に漂わせたセラピストと対峙すること、あるいはそうしたすべての要素が漂う面接空間で過ごすことを通して、クライエントは全体性に近づいていくのではないだろうか。このようにして、セラピストのこころの動きがクライエントの変容を支えていくことになると考えられる。ただし、セラピストがクライエントの変容にどのように機能しているかについては、本章の議論だけでは明らかにしえない問題を数多く含んでいるため、今回の検討を足がかりにしてさらなる議論が展開されることが求められる。

終　章
心理臨床の専門性と展望

1. ここまでに検討されてきたこと

　心理臨床家が"聴く"ことで何が生じており、そこに存在する専門性とはいかなるものなのであろうか。こうした問いを冒頭に掲げ、本書では、"聴き手のこころの動き"という視点を切り口として、一つの答えを見出すことを目的としてきた。本章では、ここまでの検討を振り返ってまとめ、心理臨床実践における聴き手のこころの動きがいかなるものと考えられ、専門性とどのような関連をもつと言えるかについて総合的に論じていきたい。

　まず、第1章では、心理臨床実践の専門性について論じた。ここでは、より本質的な専門性に迫るために、外的に定められた専門性ではなく、心理臨床家が自分自身の臨床実践を踏まえて捉えている専門性イメージを収集し、整理することを行った。その結果、当該領域のもちうる高度な知識と技能を追求し、一つの方向性に収束していくような一般的な専門性とは異なり、心理臨床領域に特徴的だったのは、むしろ相反する要素を両立していこうとする形を有していることであった。このような相反する要素を両立させるという特殊性を支えるものは、知識や技能と同等に重視されていた専門家の態度や姿勢、関係性のもち方などではないかと想定された。そこで、心理臨床家のこころの動きに専門性を捉えるための鍵があるのではないかと考え、論を進めていくこととなった。

　第2章では、心理療法における聴き手のこころの動きに関する先行研究を概観した。心理臨床家のこころの動きについては、明確な定義が存在せず、体系化がなされていない概念であるため、ユングの逆転移理論から考えられるこころの動

きの性質や、わが国特有のこころの動きの特徴、こころの動きに関するプロセス研究などを整理した。その結果、本書で検討されるべき点が明らかになったとともに、本書ではクライエントとセラピストのこころの深い部分で力動的に生じていることが零れ落ちないようにしつつ、心理臨床実践の内側から専門性を研究していくという目標が掲げられた。

　これらを踏まえたうえで、第3章から第5章にかけては、専門家群の聴き手(臨床心理士)と非専門家群の聴き手(臨床心理学を専攻していない大学生)の聴き方を比較した調査研究から検討を行った。まず第3章と第4章では、相談場面のロールプレイ調査とその後のインタビュー調査を通して、聴き手の行動傾向とそれらを生み出す内的体験過程に着目して分析を行った。行動傾向の検討からは、一見すると単に聴いているだけに見える行動が、実際には専門家群と非専門家群との間で、構造面および内容面でまったく異なる聴き方がなされていることが、客観的な数値として示された。それらの聴き方を生み出すと考えられる内的体験過程の検討からは、専門家のこころの内側には、複数の事柄が併存して保たれているという特徴があることが示され、それらを構成する四つの要素が見出された。それは、思考的要素、感情的要素、感覚的要素、直観的要素であり、これらが心理療法における聴き手の内的体験過程を構成し、要素同士が関連し合って働いているのではないかと考えられた。続く第5章では、聴き手と話し手の関係性に着目することで、聴き手のこころの動きのより無意識的で力動的な過程を捉えることを試みた。まず、両者の関係性を投影するような図を用いた調査では、悩みや経験を共有することで相手に接近しようと試みる非専門家群の体験過程とは異なり、専門家群は相手の情緒を理解しようと試み、より核心に近いところにふれようとする体験過程が見受けられた。それゆえ、心理療法過程では、聴き手と話し手の間で、より深い次元で両者の交絡が生じているのではないかと考えられた。それに引き続き、専門家群の聴き手の語りを質的に分析したところ、このプロセスの中で、心理療法における聴き手の内側にはまずはイメージの形で、話し手に関する理解が生じてくることが示された。そのイメージは、聴き手の自我だけによって生成されたものではなく、話し手との間、つまり面接空間において生成されたものでもあると考えることができた。

終　章　心理臨床の専門性と展望

　第6章では、そのように生成されたイメージをつなぎ合わせて、心理療法のプロセスを読んで、理解をしていく際の聴き手のこころの動きについて検討した。担当セラピストと複数の心理臨床家がコメントをした公刊事例を通して、質的および量的視点から考察を試みた。まず、質的検討の結果、クライエントの表現を前にして自律的に広がっていくイメージに対して、セラピストが自らの主体を関与させることで、クライエントの表現に関連性や展望性を見出していく動きが起こっていると示唆された。ここから、イメージから関連性や展望性を判断し、意味づけて理解をするのは、セラピストのこころの中で行われる能動的な動きが影響していると考えられた。さらに、量的な検討からは、事例報告の中で心理臨床家が着目するエピソードは高い精度で共通性がみられること、また着目したエピソードから生成される考察についても、事例概要に関する客観的な情報に基づく理解については共通性がみられやすいことが示唆された。しかし一方で、徐々に心理療法が展開していくにつれて、実際に事例を担当したセラピストと、それ以外のコメンテーターの心理臨床家との間には、イメージや理解にズレが生じてくることも示された。ここから、聴き手は、専門的な視点や知識を基盤にした理解をすると同時に、心理療法の場での体験を理解に活かしていく専門家であると考えられた。

　そして最後に、第7章では、ここまでの調査研究を通して明らかとなってきた聴き手のこころの動きが、実践の中でいかに働いているかを検討した。ここでは、筆者が行った臨床事例の検討を通して、クライエントの変容とセラピストのこころの動きの関連について論じた。そこではまず、心理療法におけるセラピストの内的な体験過程でさまざまな層が賦活されていることが示され、その中でクライエントの断片的な表現が、セラピストの内側を通してつながっていったと考えられた。また、セラピストの夢については、こころの動きにおける無意識的な要素が示され、セラピストが直観的に受け取っているクライエントの内側の動きを、夢を通して体験したと考えられた。それによって、クライエントの中で生じている新たな可能性が、セラピストの中でこれまでのクライエント理解とつながったと考えられた。このように、セラピストの体験過程には、クライエントの言動や表現から立ち現れてくるイメージや理解がすべて漂っており、それらがまずはセ

169

ラピストの内側でつながっていくこと、そして、そのような存在のセラピストと面接室の中で共に過ごすことが、全体性を生きるクライエントの変容を支えているのではないかと考えられた。

　このように、ここまでの検討を通して、心理臨床実践の中で、聴き手である心理臨床家が自分自身のこころを動かし、内的にさまざまな体験をするということが示され、実際にそれらがどのような動きをしているのかについて示すことができたと言える。心理臨床家は、単に耳で対象者の言葉を聴いているだけではなく、自分自身のこころを動かし、内的に体験をしつつ対象者の話を聴いていたことが示されたのである。そのような専門家のこころの機能によって、対象者の話に関係性やつながりが生まれ、その人個人のストーリーや意味が展開してくるのであろう。対象者と心理臨床家が包まれる場としての心理臨床実践の場でそれらが動き出すことで、互いのこころに波及し、変容を支えていくのだと考えられる。

2. 聴き手のこころの動きと専門性

　こころの動きとは、外からは見えにくいものである。それはクライエントのこころに限ったことではなく、セラピストのこころにおいても同様である。しかし本書においては、あえてそのセラピストのこころの動きを切り口にして考察を進めてきた。なぜなら、冒頭でも述べたように、心理臨床の専門性とは表面的で外面的な聴き方の特徴だけではなく、実践の内側に入り込むことによって見えてくるような性質をもっていると考えられたためであった。前節でも述べた通り、本書全体を通して、聴き手のこころの動きについてさまざまな検討を加えることで、心理臨床の専門性を捉えてきたように思われる。ここでは最後に、今回のアプローチによって見えてきたと考えられる心理臨床の専門性として重要なポイントを二点挙げて検討を行いたい。

　まず、本書全体を通して、心理臨床実践を行う専門家に特徴的なこころの動きとして考えられることは、こころの動きが生じている「深さ」と言えるのではないだろうか。こころが動く水準を重層的にイメージしてみると、セラピストが考えたり感じたりするような、個人的な反応で働く層だけではなく、クライエント

終　章　心理臨床の専門性と展望

とセラピストの二人の間に漂うものを受け取り反応するような動きが、今回さまざまなところで見られた。これは、河合(1992)が、「クライエントと治療者とが横につながるのではなく、両者ともに、それぞれの深みへとつながってゆくことによって、つながる、という感じなのである」(p.220)と述べたように、セラピストとクライエントのつながる深い層で体験されるこころの動きであると考えられる。つまり、聴き手側のこころが動いている層とは、単にセラピスト個人が考えたり感じたりするだけのものではなく、クライエントとセラピストの二人の間に漂うものに反応されるような深い次元での体験であるということが、本書全体の検討を通して改めて示唆されたと言えるだろう。このような層でこころが動いているからこそ、第5章で検討されたように、専門家の聴き手が感じていたことや考えていたことを、話し手自身が自ら言葉にするというような不思議な展開が生じることがみられたのであった。これは、非専門家にはまったくみられない体験であったため、心理臨床実践の独自性と言える可能性があり、聴き手のこころの動きからみられる専門性の一つであると考えられる。

　さらに二点目として、こころの動きが「多重性」をもって展開されることもまた、専門家の聴き手ならではの特徴であったと考えられる。たとえば、頭で思考をするのと同時に自分自身の身体を通して感じてみたり、感情を動かすのと同時にふと立ち上がってくるイメージにこころを開いたりと、同時に幾重もの動きが生じていたのである。第4章で、それをユングのタイプ論と関連づけて考察を行ったように、通常のやりとりにおいては、情緒の動きに敏感な人は情緒を、思考が優位である人は知的に考えることを頼りにして世界を把握していこうとする。その一方で、専門家の聴き手は、たとえば自分自身の情緒を頼りにすると同時に知的な理解を働かせるなどというように、多重的に聴き手自身のこころを動かしていることが示唆されたのであった。それはまるで全人格的に話を聴くような複雑で細やかな動きであると考えられる。クライエントの視点に立ちつつ、セラピスト自身の感覚や感情にも開かれ、二人の間に漂うものにも目を向け、さらにそれらを見渡す全体を視野に入れるというように、細やかにこころを動かすような特殊な聴き方をしているのであろう。このような聴き方は、専門家の聴き手に特徴的であり、実践の内側から捉えることのできる専門性の一つとして考えら

れるであろう。

　上述した二つの特徴を踏まえると、この専門性は、非常に人間的な動きをベースにしているとも言えるだろう。言い換えれば、表面的には見えない深い部分で生じていることをも捉え、同時に幾重にもわたって細やかにこころを動かすことは、人間ならではの性質と考えられるのではないだろうか。なぜならこれは、相手のこころの動きに合わせてこちらも体験をし、自分自身のこころを動かして理解を重ねていくことでしかできないプロセスであると言え、とてもマニュアル化されぬものであると考えられるためである。機械的に相手の話を聴こうとするのではなく、言葉にならない思いまで含めて相手をそのまま受け取ろうとする姿勢が、このような人間的な機能をベースにした専門性を生んでいるのだと考えられる。そして、対象としての形状をもたず、実体の捉えがたさを抱える"こころ"というものに対して、少しでもその本質にふれてリアリティをもって理解していこうとする専門家の思いが、聴き手自身のこころを動かすというアプローチとして表れているようにも思われたのである。

　ただ、本書では主に一つの調査を軸としてこれらの検討を行ってきたため、これがどの程度一般的に論じられるかについてはさらなる考察が求められるところである。特に、専門家と非専門家との比較のみの実施であることからは、たとえば、他の対人援助職の聴き方との相違を検討するというような別の専門家との比較が行われる余地が残っていると考えられる。次節では、このような課題と限界を考察して、本書の締めくくりとしたい。

3. 本書の限界と今後の展望

　ここまで本書では、心理臨床実践における聴き手のこころの動きに焦点を当てて、そこで生じていることを検討することを通して、心理臨床の専門性を考察してきた。そして、物体としての形状をもたない"こころ"というものに対して、リアリティをもってその本質を理解しようとする専門家の試みが、自分自身の内側に生じてくる体験に開かれて関与しながら、こころの表現として理解しようとするあり方として表れることを示してきた。しかし、本書にはさまざまな課題が

残されており、心理臨床の専門性全体について言及するためには本書だけでは限界があると思われる。最後に、この点について検討し、今後の展望を示していきたい。

　まず、本書の限界として考えられるのが、クライエントをはじめとする、心理臨床の対象者自身に生じてくる変容の過程や機序について扱うことができなかった点である。特に、心理療法をはじめとする心理臨床実践で最も重視されるのは、対象者側、つまりクライエントの体験であり変容であると考えられるため、本書で扱った心理臨床家のこころの動きと、クライエントの体験や変容との関連については、さらなる検討が求められる部分であると言える。たとえば、心理臨床実践の場で、対象者が専門家としての心理臨床家をどのように感じ、その場を体験していくか、さらには両者の間に生じた変化を受けて、対象者の変容過程がどのように生じていくかについては、本書において扱いきれなかった点であるため、今後の課題として言及しておきたい。

　また、心理臨床家間の個別性の視点についても限界があることを言及しておきたい。たとえば、本書の第3章から第5章で扱った調査研究は、心理臨床家が志向するオリエンテーションが限定されているために、ここで明らかにされた聴き手のこころの動きがどの程度の一般化傾向をもちうるのかという点に慎重になる必要があるだろう。また、本書全体で描き出してきた、心理臨床家の内に生じる体験自体もまた、個々の心理臨床家の体験の仕方や、クライエントとの関係性によって、当然個々人で異なっていると想定されるため、個別性の視点を常にもちながら、専門性としての普遍性の部分を掬い上げていかねばならないと考えられる。

　さらに、個別性の指摘とも関連する部分ではあるが、本書の議論の前提には、オリエンテーションの限定があるという点を踏まえておく必要があるだろう。つまり、ここまで本書で示してきた考察は、深層心理学的なアプローチを志向する心理臨床家にみられる性質や特徴を検討することに基づいて積み重ねられてきたものであり、すべての学派を対象として検討を行ってきたわけではないという限界が存在している。特に、現在の主流の一つとなっている認知行動療法（CBT）における実証的研究やその他の知見を扱うことができていない点については、方法的な限界であると同時に、課題が残る部分であるとも言える。真の意味で、心理

臨床の本質的な専門性を検討するためには、専門性についての検討を学派を超えて行っていくことが求められると言え、今後も研究を重ねていく必要がある部分であると考えている。

　ただ、これらの課題を残しつつも、本書全体を通して見出されてきた心理臨床実践における聴き手のこころの動きとしての内的な体験のありようは、専門性の一側面であることには変わりなく、それを実践の内側から映し出すという独自的なアプローチを用いて、体系的に描き出すことができた点には意義があると考えられる。今回残された課題を今後も検討することで、さらに、専門性を本質的に捉え直していくことが可能となるだろう。

　最後に、心理療法の展望も含めて問題提起をして締めくくりたい。本書全体で示されてきたように、聴き手側のこころを動かすことをアプローチの一つとして置いているという特徴は、ある意味では聴き手側の非常に人間的な部分を専門的に活かそうとしているということになる。すると、どうしても人間的なでこぼこが生じ、専門家の中にも非完全性を有しているということにもなりえる。つまり、万人に対して完全性をもった専門家を輩出することは到底難しいということになるのである。一方で、現代社会では、機械化やAI化が進み、相手側に完全性を求めてこちらの思うがままに動いてくれることを無意識のうちに期待するあり方が一般的になってきているように感じる。そのような社会では、専門家という存在にもまた完全であることを求めるのではないだろうか。そのような現代において、人間的なでこぼこや万人に通ずるようなアプローチの仕方をもたない、ある意味では不完全性を抱える専門家としての心理臨床家はどのように生きていくのか。筆者は、そんな現代社会だからこそ、逆に人間性を有した専門家としての心理臨床家の臨床実践が意味を有しているのではないかと感じている。

　このような問いを胸に抱きつつ、これからも、目の前のクライエントのこころの声と向き合い、その過程で刻々と流れていく聴き手自身のこころの動きを捉えて手がかりにしながら、心理臨床における専門性を探求する試みを続けていきたい。

付　録

付表1　専門家群における聴き手の内的体験過程

カテゴリ	サブカテゴリ	No.	概念	定義
メタ的視点	客観視	1	聴き手自身を客観視する	話し手の話を聴きながら、聴き手としての自分を客観的に見たりモニターしたりする自分がおり、面接を常に俯瞰的に見ている視点があること。
		2	話し手を客観視する	話し手の話を聴きながら、話し手からは少し距離をとり話し手の全体像を見る視点をもっておくこと。
	熟考	3	話し手像や話し手の問題を常に考えている	話し手の話を聴きながら、話し手はどのような人なのだろう、どのような世界に生きているのだろう、また話し手の一番しんどいところや一番困っているところはどこなのだろう、そしてこれからここで何ができるのだろう、ということをずっと考えていること。
		4	話しやすい場をつくろうと常に考えている	あいづちや頷きを工夫することで話しやすい雰囲気をつくったり、枠を整えるという大きな場の設定を通して話し手との信頼関係を築いたりして、話し手が自分の思いにじっくりと目を向けられるような場をつくろうと意図していること。
話し手から考える 下位カテゴリ：頭で聴く	注目する手がかり	5	多面的に話し手像を考える	話し手の話を聴きながらはじめはなんとなくこんな感じだろうとつかみ、そこにいろいろな軸から情報を得て肉づけしていき、話し手像をくっきりとさせていくこと。
		6	病態水準を考える	話し手の話を聴きながら、話し手の身体症状や病理の問題、病態水準を判断し、現実的な介入の必要性や目標設定のあり方も含めて考えていること。
		7	発達的側面を考える	話し手の今置かれている状況・状態を考える際に、発達的視点・発達水準や発達障害などをひとつの軸として注目しながら聴いていること。
		8	家族関係を考える	話し手の話を聴きながら、親子関係や家族歴、原家族の視点をひとつの軸として、話し手の問題を考えたり話し手像をつかんだりすること。
		9	パーソナリティを考える	話し手の話を聴きながら、その人の性格傾向に注目し、話し手像をつかむときや問題について考えるときのひとつの軸にしていること。
		10	話し手の力や可能性に注目する	話し手の話を聴きながら、今後の面接のあり方や話し手像をつかむために、話し手のもつ力や可能性を考えていること。
		11	自発的な語りに注目する	面接の中で話し手が自分のことばで語った部分の語りに注目し、意味を考えること。
		12	社会的リソースに注目する	話し手の話を聴きながら、話し手がどの程度周囲の友人や知人からのサポートを得られる状態なのかをひとつの軸として注目していること。
		13	生育歴・将来的視点といった時間軸に注目する	話し手の問題は今生じてきているけれども、今までにどのように生きてきたかという過去からの視点、そして今後どのようなことが生じてきて、将来的にどのような意味をもってくるのかという未来への視点の中で、今を見つけていくということ。
		14	聴き手の言葉への反応に注目する	聴き手の言葉や質問に対して話し手がどのような反応をするかに注目し、その人らしさをつかんだり水準を判断したりしていること。
		15	仕草や表情、臨床像に注目する	話し手の話を聴きながら、話し手の仕草や表情、態度、動き、視線などに注目し、その人らしさや考えていること、どのような状態でいるのかなどを推測すること。

付表1　専門家群における聴き手の内的体験過程（続き）

カテゴリ	サブカテゴリ	No.	概念	定義
話し手から考える 下位カテゴリ：頭で聴く	象徴的に聴く	16	心理的な意味を考える	話し手の語りを言葉通りに理解するのではなく、その言葉の背景にある意味や象徴性に開かれて、さまざまな可能性を考えながら聴いていくこと。
		17	心理的なテーマを考える	話し手の訴えていることや語っていることの背景にある意味を考え、話し手の人生における心理的なテーマや課題を考えていること。
話し手から考える 下位カテゴリ：身体で聴く	感覚に開かれている	18	その人らしさを感覚的に捉える	話し手の印象やその人らしさを映像的・視覚的な比喩を直感的に用いてイメージし、話し手の理解を深めること。
		19	イメージの世界に開かれている	ことばの面だけでのやりとりは、すぐに意味づけをして深く考えずに済ませてしまう可能性もあることから、どこか浅く表面的な感じがする。そのために、描画や箱庭といったイメージの世界にも開かれて聴いていること。
		20	ことばにしにくい思いを感じる	話し手がことばにしにくい感覚や思い、感情にも開かれて聴いていること。
		21	ベースでつながっている感覚	話し手の話を聴きながら、どこかベースの部分で話し手と聴き手自身とがつながっているような、交わっているような感覚をもつことがあるということ。
		22	感情がリアリティをもち伝わってくる	話し手が、つらい気持ちやしんどい気持ちを実感をもってその場で今まさに感じているとき、聴き手側にもそれがリアリティをもって感じられる体験をすること。
	ズレと沿い	23	話し手と聴き手の間のズレと沿いをくり返す	面接の間中、話し手のペースやトーンにチューニングを合わせながら聴き、話し手と聴き手自身の間の理解のズレや距離感を調整していること。
		24	聴き手の中での理解のズレと修正をくり返す	推測をしながら仮説を立てながら話し手の話を聴いていくが、ズレが生じたところは常に修正・調整しながら聴いていき、最終的な理解や意味づけにつなげていくこと。
		25	話し手の中での矛盾やズレに気づく	話し手の話の中での矛盾点、たとえば話の流れのズレ、語りと感情のズレなどは、その人らしさが見えてくる点だと思って注目すること。
聴き手から考える	自分の経験を参照する	26	類似する聴き手自身の経験や感情を胸の内で思い起こす	聴き手自身の経験や過去を振り返って参照し、話し手を理解しやすくしようとすること。ただし、自分の経験に引っ張られたりそのまま使ったりしてわかったつもりにならないように気をつけながら。
		27	聴き役という意識は忘れずにおく	面接の場は聴き手がやりたいことをしたり意見を言ったりする場ではなく、あくまでも話し手が主役で自分は聴き役であるという意識をもっていること。
他の人との比較から考える	知識や経験を参照する	28	専門的知識やこれまでの経験によるパターンから理解の手がかりを得る	聴き手自身の臨床経験や知識によって個人を抽象化するような一種のパターンが存在し、その中での話し手の位置をぼんやりとつかんでおくことを通して話し手の理解がしやすくなること。
		29	パターンとのズレにその人らしさを見る	知識や経験によるパターンに合わないところにその人らしさを見ること。

付　録

カテゴリ	サブカテゴリ	No.	概念	定義
話し手へのフィードバック	話し手に寄り添う姿勢	30	目標を共有する	継続面接を視野に入れた初回面接の中で、話し手のニーズをつかみ、ここで一緒に何をどこまでやっていけるのかについての判断を話し手と共有し、その面接目標に向かってやっていこうと考えること。
		31	話し手が自己を整理し、自己理解を進めるのに寄り添う	面接自体をマクロ的な視点からとらえたとき、面接を通して話し手の自己理解が進む時間になるようにと考えること。
		32	話し手が生き方を考えていくのに寄り添う	面接自体をマクロ的な視点から捉えたとき、面接を通して話し手が自分の生き方を考えたり、主体的に生きていけるように考えたりできる時間になるようにと考えていること。
		33	話し手に合わせた言葉を考える	話し手の話を聴きながら、その人に一番合うフィードバックの仕方や言葉の用い方を考えていること。
		34	内面にふれている沈黙は待つ	沈黙にもさまざまな種類があるが、話し手が自分の内面にふれたり考えたりする沈黙は大事な沈黙であり待っている時間だと考えること。
	話し手の気づきを促す介入	35	話をまとめ焦点化する	話し手の語りをまとめることで、話し手の思いと聴き手自身の理解がずれていないことを確認し、そうすることで話し手にとっては聴いてもらえている感覚が生まれること。
		36	感情を深める	話し手の語りの中で発せられた感情（特につらい気持ちや不安な気持ち）をさらに尋ねたりくり返したりすることによって、話し手の中で明確化・焦点化していき、それによって話し手が感じていることを深めていけるように意図すること。
		37	言葉をくり返して整理する	話し手の言ったことをくり返したりまとめたりすることで、その内容を整理でき明確化できるため、話し手が一息つくことにつながり、さらに語りを促すことができること。
		38	心理的な視点から理解する	話し手のどこかうまくいかない感覚や今までの生き方ややり方とのズレの感覚などを聴き手が心理的な意味から理解する過程を通して、話し手自身の問題や見立てを理解していくようにすること。
	結果	39	新たな気づきへ	話し手の話を聴くなかで、聴き手が話し手の理解を深めていく過程のなかで、自然と話し手自身も自分自身での気づきや変化が出てくること。今までふれようとしていなかったものに気づいたり向き合ったりする動きが生じてきたと感じること。
		40	見守ることに	話し手自身が考えていけるように、話し手との関係性を重要視する視点をもち、抱えていこう・支えていこうと考えること。

付表2 非専門家群における聴き手の内的体験過程

カテゴリ	サブカテゴリ	No.	概念	定義
メタ的視点		1	特に考えずに聴く・話す	話し手の話を聴くときに、何か意図して聴いたり特に意識して聴いたりすることはあまりなく、口から出るままに自然の流れで会話をしていること。
		2	あまり深入りしない	話し手の悩みを聴いてはいるが、話し手の個人的なところにはあまり深くつっこまないようにしようという気持ちになること。
話し手から考える	注目する手がかり	3	仕草や表情に注目する	相談の中での話し手の仕草や表情に注目し、そこから話し手の気持ちや関わり方を推測・判断すること。
		4	質問をしてみる	さらに情報を得るために話し手に質問をして、その答えからいろいろと推測すること。
		5	話し手の状況を想像する	話し手のことをよく理解するために、話し手の置かれている状況や生活を想像してみること。
聴き手から考える	自分の経験を参照する	6	今の自分の悩みを重なる	話し手の話を聴いていると今自分がもっているような悩みと重なる感覚になり、親近感がわくこと。
	下位カテゴリ：今の悩み	7	自分ならこうするとアドバイスを考える	話し手の立場に立ってみて、自分だったらこうするとアドバイスしようとすること。
	下位カテゴリ：昔の悩み	8	昔の悩みに重なる	話し手の話を聴いていると昔自分が体験したような悩みだと思うこと。
		9	自分はどうしたかとアドバイスを考える	話し手の話を聴き、昔自分も体験したことのある悩みだと思い、その経験からアドバイスをしようとすること。
	下位カテゴリ：経験がない悩み	10	経験のない悩みだと感じる	話し手の話を聴き、自分は体験したことがないからわからないと思うこと。
		11	どうするかを想像してアドバイスを考える	たとえ話し手の話が自分の体験したことのないことでも、もし自分だったらどうするかと想像してみてアドバイスをしようとすること。
他の人との比較から考える	周囲の人を参照する	12	聴き手自身の周りの人や世間の人との比較から考える	話し手の悩みについて、他の人と話し手を比較することを通して推測・判断をすること。
		13	よくある悩みだと感じる	話し手の話を聴き、よくある悩みだと思うこと。
話し手へのフィードバック	アドバイスしようとする	14	原因を考える	話し手の話を聴きながら、その人の悩みの原因は何か、根本はどんなことかを推測し、そこにアドバイスをして解決にもっていこうとすること。
		15	とりあえず解決策を提示する	せっかく話し手が悩みを打ち明けてくれたのだから、聴いてあげるからには少しでも解決につなげたいという気持ちから、一応の解決策を考えて提示しようとすること。

付　録

カテゴリ	サブカテゴリ	No.	概念	定義
話し手へのフィードバック	安心させようとする	16	類似する悩みを話して安心させる	話し手の悩みと似たような聴き手自身の話をして共感を示したり、聴き手自身の身近な人の話をしたりすることで、話し手が悩んでいるのは自分だけではないのだと安心させたいと考えること。
		17	なんとかなると受け入れさせる	話し手の悩みに対して解決の方向にもっていくことは難しいと判断して、その悩みをもっていても大丈夫、なんとかなるさと悩みを受け入れさせようとすること。
		18	解決できなくてもすっきりしてもらいたい	たとえ会話の中で悩みが解決できなくても、人に聴いてもらって話すことで、すっきりしたり気持ちが楽になったりしてほしいと考えること。
	内心の思い	19	本音は言いにくい	話し手に対して批判的な思いや疑問をもつが、話し手を傷つけたり不快な思いにさせたりしたくないので表面上は出さずに共感しているふりをして聴いていることもある。
		20	話し手自身で解決してほしい	話し手に対して聴き手自身が述べた意見は一種の判断材料に過ぎず、最終的には話し手が自力で解決してほしいと思っている。
	結果	21	親密度が増すことにつながる	話し手の悩みを聴き聴き手自身の悩みや意見を話すといった相互のやりとりが一種のコミュニケーションの役割を果たし、悩み相談を通して両者の心的距離が近づいた感覚をもったり親近感を覚えたりすることにつながる。聴き手自身も悩んでいるのは自分だけではないのだと安心感を覚えたり、自分自身を振り返る機会にもなること。
		22	解決できない無力感	悩みを解決してあげたい気持ちになったり、話し手の役に立ちたいという気持ちになったりするが、自分自身ではどうしようもないという無力感を覚えることにつながる。

引用文献

赤塚大樹・森谷寛之・豊田洋子・鈴木國文（共著）（1996）．心理臨床アセスメント入門──心の治療のための臨床判断学　培風館

天野正子（1972）．看護婦の労働と意識──半専門職の専門職化に関する事例研究　社会学評論, 22 (3), 30-49.

青木紀久代（1999）．臨床心理学の理論的背景 (1) 心理学の諸領域　馬場禮子（編）臨床心理学概説　放送大学教育振興会　pp.22-31.

浅原知恵・橋本貴裕・高梨利恵子・渡邉美加（2016）．心理臨床家の専門家とは何か──熟練臨床家による語りの質的分析　心理臨床学研究, 34 (4), 377-389.

馬場禮子（1985）．心理テストからみた神経症──人格の病理を中心に　精神科MOOK, 10, 172-182.

馬場禮子（1999）．精神分析的心理療法の実践──クライエントに出会う前に　岩崎学術出版社

Brammer, L. M., & MacDonald, G. (2003). *The Helping Relationship: Process and Skills*. Boston: Allyn and Bacon.（堀越勝（監訳）（2001）．対人援助のプロセスとスキル──関係性を通した心の支援　金子書房）

千葉友里香（2016）．箱庭制作後における箱庭と作り手との関係性とは　箱庭療法学研究, 29 (1), 55-68.

土居健郎（1969）．「見立て」について　精神医学, 11 (12), 2-3.

土居健郎（1977）．方法としての面接──臨床家のために　医学書院

土居健郎（1991）．専門性と人間性　心理臨床学研究, 9, 51-61.

Elliott, R. (1984). A discovery-oriented approach to significant change events in psychotherapy: Interpersonal process recall and comprehensive process analysis. In: L. Rice & L. Greenberg (Eds.), *Patterns of Change: Intensive Analysis of Psychotherapy Process*. New York: Guilford Press, pp.249-286.

Elliott, R. (1985). Helpful and nonhelpful events in brief counseling interviews: An empirical taxonomy. *Journal of Counseling Psychology*, 32(3), 307-322.

Freud, S. (1910). *Die zukünftigen Chancen der psychoanalytischen Therapie. GW* VIII.（高田珠樹・甲田純生・新宮一成・渡辺哲夫（訳）（2009）．精神分析療法の将来の見通し　フロイト全集11　岩波書店　pp.191-204.）

Freud, S. (1917). *Vorlesungen zur Einführung in die Psychoanalyse. GW* XI.（高田珠樹・新宮一成・須藤訓任・道籏泰三（訳）（2012）．精神分析入門講義　フロイト全集15　岩波書店　pp.1-563.）

Freud, S. (1926). *Die Frage der Laienanalyse. GW* XIV.（加藤敏・石田雄一・大宮勘一郎（訳）（2010）．素人分析の問題　フロイト全集19　岩波書店　pp.103-199.）

藤沼康樹（2010）．省察的実践家（Reflective Practitioner）とは何か──総論　日本プライマリ・

ケア連合学会誌, 33 (2), 215-217.
藤原勝紀 (2006). こころを大切にする人間関係　河合隼雄・大塚義孝・成田善弘・藤原勝紀・氏原寛 (著) 帝塚山学院大学大学院《公開カウンセリング講座》③心理臨床の眼差　新曜社 pp.105-135.
藤山直樹 (2015). 精神分析の方法と本質を語る　松木邦裕・藤山直樹 (著) 精神分析の本質と方法　創元社　pp.3-42.
Goldfried, M. R., Greenberg, L. S. & Marmar, C. (1990). Individual psychotherapy: Process and outcome. *Annual Review of Psychology*, 41, 659-688.
Gunther, M. S. (1976). The endangered self: A contribution to the understanding of narcissistic determinants of countertransference. *The Annual of Psychoanalysis*, 4, 201-224.
原田杏子 (2003). 人はどのように他者の悩みをきくのか──グラウンデッド・セオリー・アプローチによる発言カテゴリーの生成　教育心理学研究, 51 (1), 54-64.
林昭仁 (2002). 5. 心理臨床家の姿勢と心構え　林昭仁・駒米勝利 (編) 臨床心理学と人間──「こころ」の専門家の学問ばなし　三五館　pp.193-195.
林道義 (1994). 解説 (Jung, C. G. (1946). *Die Psychologie der Übertragung. GW* 16. Walter-Verlag. (林道義・磯上恵子 (訳) 転移の心理学　みすず書房　pp.263-285.）
Heimann, P. (1950). On counter-transference. *The International Journal of Psychoanalysis*, 31, 81-84. (松木邦裕 (編・監訳) (2003). 対象関係論の基礎──クライニアン・クラシックス　新曜社　pp.173-190.）
Hill, C. E. (1990). Exploratory in-session process research in individual psychotherapy: A review. *Journal of Consulting and Clinical Psychology*, 58(3), 288-294.
Hill, C. E. & Corbett, M. M. (1993). A perspective on the history of process and outcome research in counseling psychology. *Journal of Counseling Psychology*, 40(1), 3-24.
Hill, C. E. & O'Grady, K. E. (1985). List of therapist intentions illustrated in a case study and with therapists of varying theoretical orientations. *Journal of Counseling Psychology*, 32(1), 3-22.
廣松渉・子安宣邦・三島憲一・宮本久雄・佐々木力・野家啓一・末木文美士 (1998). 岩波哲学・思想事典　岩波書店
堀口純子 (1997). 日本語教育と会話分析　くろしお出版
堀越勝 (2013). ラポートの作り方 (特集　関係づくりの方法を知る)　臨床心理学, 13 (6), 766-770.
一丸藤太郎 (2003). フロイト派　氏原寛・田嶌誠一 (編) 臨床心理行為──心理臨床家でないとできないこと　創元社　pp.88-105.
池田幸恭・葉山大地・髙坂康雅・佐藤有耕 (2013). 大学内の友人関係における親密さと共有様式との関係　青年心理学研究, 24 (2), 111-124.
伊東博 (1957). 第八章　相談面接の過程、第九章　相談面接の技術　沢田慶輔 (編) 相談心理学──カウンセリングの理論と技術　朝倉書店　pp.178-236.
伊藤良子 (2001). 心理治療と転移──発話者としての〈私〉の生成の場　誠信書房
岩壁茂 (2008). プロセス研究の方法　臨床心理学研究法2　新曜社

岩壁茂 (2010)．はじめて学ぶ臨床心理学の質的研究――方法とプロセス　岩崎学術出版社
Jung, C. G. (1921). *Psychologische Typen*. GW6. Walter-Verlag.（林道義（訳）(1987)．タイプ論　みすず書房）
Jung, C. G. (1935). *Grundsätzliches zur praktischen Psychotherapie*. GW16, 2. Walter-Verlag.（林道義（編訳）(1989)．臨床的心理療法の基本　心理療法論　みすず書房　pp.3-32.）
Jung, C. G. (1946). *Die Psychologie der Übertragung*. GW16.Walter-Verlag.（林道義・磯上恵子（訳）(1994)．転移の心理学　みすず書房）
Jung, C. G. (1952). *Synchronizität als ein Prinzip akausaler Zusammenhänge*. GW8. Walter-Verlag.（河合隼雄・村上陽一郎（共訳）(1976)．自然現象と心の構造――非因果的連関の原理　海鳴社）
Jung, C. G. (1955). *Mysterium Coniunctionis. Untersuchungen über die Trennung und Zusammensetzung der seelischen Gegensätze in der Alchemie*. GW14. Walter-Verlag.（池田紘一（訳）(1995)．結合の神秘Ⅰ　人文書院）
皆藤章 (1994)．風景構成法――その基礎と実践　誠信書房
皆藤章 (2004)．風景構成法のときと語り　誠信書房
皆藤章 (2007)．1．心理臨床とはなにか　皆藤章（編）よくわかる心理臨床　ミネルヴァ書房　pp.2-5.
亀口憲治 (2003)．システム論から見た臨床心理行為　氏原寛・田嶌誠一（編）臨床心理行為――心理臨床家でないとできないこと　創元社　pp.142-159.
神田橋條治 (1990)．精神療法面接のコツ　岩崎学術出版社
河合隼雄 (1967)．ユング心理学入門　培風館
河合隼雄 (1969)．箱庭療法入門　誠信書房
河合隼雄 (1970)．カウンセリングの実際問題　誠信書房
河合隼雄 (1975)．カウンセリングと人間性　創元社
河合隼雄 (1988)．夢のなかのクライエント像（Ⅱ）　山中康裕・斎藤久美子（編）河合隼雄教授還暦記念論文集　臨床的知の探究（下）　創元社　pp.3-20.
河合隼雄 (1990)．事例に学ぶ心理療法　日本評論社
河合隼雄 (1991)．イメージの心理学　青土社
河合隼雄 (1992)．心理療法序説　岩波書店
河合隼雄 (1995)．第3章　心理療法の過程　河合隼雄（監修）臨床心理学3　心理療法　創元社　pp.161-178.
河合隼雄 (2000)．〈総論〉イメージと心理療法　河合隼雄（総編集）講座　心理療法　第3巻　心理療法とイメージ　岩波書店　pp.1-23.
河合俊雄 (2013)．ユング派心理療法　ミネルヴァ書房
川喜田二郎 (1967)．発想法――創造性開発のために　中公新書
川喜田二郎 (1970)．続・発想法――KJ法の展開と応用　中公新書
川戸圓 (2003)．ユング派　氏原寛・田嶌誠一（編）臨床心理行為――心理臨床家でないとできないこと　創元社　pp.106-121.
川戸圓 (2007)．分析心理学（特集　心理療法入門――各学派から見た一事例）　臨床心理学, 7

(5), 602-604.
木下康仁 (2003). グラウンデッド・セオリー・アプローチの実践――質的研究への誘い　弘文堂
衣笠隆幸 (1992). 共感――理解の基礎になるものと理解を妨げるもの　精神分析研究, 35 (5), 479-489.
倉光修 (2003). 心理臨床の技能と研究　岩波書店
黒木賢一 (1998). 日本の心理臨床をめぐって　三木善彦・黒木賢一 (共編) 日本の心理療法――その特質と実際　朱鷺書房　pp.273-297.
桑原知子 (2010). カウンセリングで何がおこっているのか――動詞でひもとく心理臨床　日本評論社
Laurenceau, J. P., Barrett, L. F., & Pietromonaco, P. R. (1998). Intimacy as an interpersonal process: The importance of self-disclosure, partner disclosure, and perceived partner responsiveness in interpersonal exchanges. *Journal of Personality and Social Psychology*, 74 (5), 1238-1251.
Mahrer, A. R. (1988). Discovery-oriented psychotherapy research: Rationale, aims, and methods. *American Psychologist*, 43(9), 694-702.
松木邦裕 (編・監訳) (2003). 対象関係論の基礎――クライニアン・クラシックス　新曜社
松木邦裕 (2007). 精神分析 (特集　心理療法入門――各学派から見た1事例)　臨床心理学, 7 (5), 597-604.
松本千夏・黒崎和泉 (2014). 第7章　心理アセスメントにおけるテストバッテリーの組み方とフィードバックの工夫　髙橋靖恵 (編著)「臨床のこころ」を学ぶ心理アセスメントの実際――クライエント理解と支援のために　金子書房　pp.150-175.
松本雅彦 (2007). 精神科初診の風景――序文に代えて　京都府臨床心理士会 (編) レクチャー精神科診断学――サイコロジストのための「見立て」の基礎　新曜社　pp.3-12.
三船直子 (2000). 第14章　スクールカウンセラー　氏原寛・成田善弘 (編) コミュニティ心理学とコンサルテーション・リエゾン――地域臨床・教育・研修　培風館　pp.162-170.
Money-Kyrle, R. E. (1956). Normal counter-transference and some of its deviations. *The International Journal of Psychoanalysis*, 37 (4-5), 360-366.
森田美弥子 (編) (2007). 臨床心理査定研究セミナー (「現代のエスプリ」別冊　事例に学ぶ心理臨床実践セミナー)　至文堂
諸富祥彦 (2003). クライエント中心療法と臨床心理行為　氏原寛・田嶌誠一 (編) 臨床心理行為――心理臨床家でないとできないこと　創元社　pp.122-141.
本明寛 (1980). 心理臨床入門――診断・治療の臨床心理学　川島書店
村瀬嘉代子 (1990). 心理臨床のあり方を模索して　村瀬嘉代子 (編) 心理臨床の実践――つなぐこと、支えること、さまざまな工夫、共に育つ　誠信書房
永井撤 (2008). 実践から学んだ心理臨床――クライエントと指導者、そして物語との出会い　人文書院
長岡千賀・小森政嗣 (2009). 心理面接におけるセラピストの応答――話者交替時のカウンセラーの発話冒頭を指標とした事例研究　認知科学, 16 (1), 24-38.

長岡千賀・小森政嗣・桑原知子・吉川左紀子・大山泰宏・渡部幹・畑中千紘 (2011). 心理臨床初回面接の進行――非言語行動と発話の臨床的意味の分析を通した予備的研究 社会言語科学, 14 (1), 188-197.

仲淳 (2002). 心理療法過程におけるセラピストの夢について――『心身的な共鳴』という観点から 心理臨床学研究, 20 (5), 417-429.

中井久夫 (2009). 非言語的アプローチの活かし方 (対人援助の技とこころ――心理療法再入門) 臨床心理学 増刊第1号, 151-157.

中道泰子 (2010). 箱庭療法の心層――内的交流に迫る 創元社

中本征利 (1986). 何のために心理療法を学ぶのか 勁草出版サービスセンター

成田善弘 (2000). 第2章 コンサルテーション・リエゾン 氏原寛・成田善弘 (共編) コミュニティ心理学とコンサルテーション・リエゾン――地域臨床・教育・研修 培風館 pp.18-31.

成瀬悟策 (1983). 巻頭言 心理臨床学の今日的課題 心理臨床学研究, 1 (1), 1-6.

緒賀郷志 (2003). 13 カウンセリング学習者への教育訓練――初学者に教える立場になって 田畑治・森田美弥子・金井篤子 (編) 臨床実践の知――実践してきたこの私 ナカニシヤ出版 pp.170-179.

大塚義孝 (2009). 巻頭言 心理臨床学の独自性――24年後の再発言 心理臨床学研究, 27 (1), 1-4.

Orlinsky, D. E., Rønnestad, M. H., & Willutzki, U. (2004). Fifty years of psychotherapy process-outcome research: Continuity and change. In M. Lambert (Ed.), *Bergin and Garfield's Handbook of Psychotherapy and Behavior Change* (5th Ed.). New York: John Wiley, pp.307-389.

Reich, A. (1951). On counter-transference. *The International Journal of Psychoanalysis*, 32, 25-31.

Sacks, H., Schegloff, E. A., & Jefferson, G. (1974). A simplest systematics for the organization of turn-taking for conversation. *Language*, 50(4), 696-735.

Samuels, A. (1985). *Jung and the Post-Jungians*. London and New York: Routledge. (村本詔司・村本邦子 (訳) (1990). ユングとポスト・ユンギアン 創元社)

佐々好子 (2000). 第10章 病院臨床 氏原寛・成田善弘 (編) コミュニティ心理学とコンサルテーション・リエゾン――地域臨床・教育・研修 培風館 pp.128-136.

新保幸洋 (1998). 心理面接場面におけるカウンセラーの意思決定過程に関する研究 (1)――熟練者の面接場面の分析を通して 大正大学臨床心理学専攻紀要, 1, 35-54.

塩崎万里 (2000). 第11章 病院臨床 氏原寛・成田善弘 (編) コミュニティ心理学とコンサルテーション・リエゾン――地域臨床・教育・研修 培風館 pp.137-143.

Snyder, W. U. (1945). An investigation of the nature of non-directive psychotherapy. *Journal of General Psychology*, 33, 193-223.

菅佐和子 (2011). 思春期カウンセリングの二十五年 平木典子・北山修・氏原寛・人塚義孝・菅佐和子 (著) 帝塚山学院大学大学院《公開カウンセリング講座》⑤心理臨床の深まり 創元社 pp.127-170.

Szasz, T. S. (1956). On the experiences of the analyst in the psychoanalytic situation: A contribution to the theory of psychoanalytic treatment. *Journal of the American Psychoanalytic Association*, 4(2),

197-223.
田嶌誠一（2003）．臨床心理行為と課題――まとめに代えて　氏原寛・田嶌誠一（編）臨床心理行為――心理臨床家でないとできないこと　創元社　pp.242-269.
高木綾（2002）．青年期における異なる自己像とその関係性イメージについて――いわゆる「本当の自分」と「借り物の自分」の観点から　心理臨床学研究，20 (5)，488-500.
高木綾（2006）．青年期における異なる自己像とその関係性イメージについて――箱庭と円を用いた描画法を通して　心理臨床学研究，24 (4)，408-418.
髙橋靖恵（2014）．第9章　心理アセスメントの実践的訓練を通して理解する「臨床のこころ」　髙橋靖恵（編著）．「臨床のこころ」を学ぶ心理アセスメントの実際――クライエント理解と支援のために　金子書房　pp.198-219.
武野俊弥（1998）．3章　インテーク面接における治療関係　小川捷之・横山博（編）心理臨床の治療関係　金子書房　pp.30-32.
田中良裕（2009）．10章　臨床心理実践の専門家になるために必要なこととは？――専門性と訓練　伊藤良子（編）臨床心理学――全体的存在として人間を理解する　ミネルヴァ書房　pp.183-200.
富田真弓・吉岡和子・河本緑（2014）．第3章　強迫性障害のアセスメント　髙橋靖恵（編）「臨床のこころ」を学ぶ心理アセスメントの実際――クライエント理解と支援のために　金子書房　pp.58-81.
筒井佐代（2012）．雑談の構造分析　くろしお出版
氏原寛（1995）．カウンセリングはなぜ効くのか――心理臨床の専門性と独自性　創元社
梅棹忠夫・金田一春彦・阪倉篤義・日野原重明（監修）（1995）．講談社カラー版　日本語大辞典　第二版　講談社
山本和郎（2000）．第3章　コミュニティ心理学　氏原寛・成田善弘（編）コミュニティ心理学とコンサルテーション・リエゾン――地域臨床・教育・研修　培風館　pp.32-49.
山中康裕（2002）．たましいと癒し――心理臨床の探究 (1)　山中康裕著作集3巻　岩崎学術出版社
山中康裕（2003）．臨床心理行為とは何か――精神科医の立場から考える　氏原寛・田嶌誠一（編）臨床心理行為――心理臨床家でないとできないこと　創元社　pp.160-171.
山中康裕（2011）．箱庭療法と解釈　日本箱庭療法学会第24回大会シンポジウム基調講演記録　山中康裕・伊藤良子・河合俊雄・岸本寛史・平松清志　箱庭療法学研究，24 (1)，117-128.
横山博（1998）．1章　心理臨床の治療関係　小川捷之・横山博（編）心理臨床の治療関係　金子書房　pp.2-13.

索引

[ア行]

味わう　35, 37, 38, 40, 44, 112
イメージの自律性　118, 142
インタビュー（半構造化面接）　6, 7, 47, 48, 50, 63, 64, 71, 87-93, 95, 98, 100, 102, 104, 106, 110, 111, 114, 168
M-GTA　64

[カ行]

解釈　34, 37, 39, 53, 55, 57, 60, 65, 75, 91, 95, 96, 145, 157
関係性　6, 11, 12, 18-21, 23-25, 33, 44, 47, 50, 59, 83, 85-89, 93, 94, 96-101, 103-105, 107-110, 119-122, 157, 160, 162-165, 167, 168, 173, 178
　——イメージ　88-93, 107
間主観性　81
聴き手
　——の行動傾向　5, 6, 47, 48, 51, 57, 58, 60-63, 73, 76, 77, 84, 168
　——のこころの動き　4-6, 27-30, 33-35, 40-47, 64, 77, 85-87, 110, 118, 119, 122, 147, 148, 167-170, 172, 174
逆転移・転移　29, 30, 32-34, 43, 45, 80, 81, 85, 86, 91, 96, 104, 105, 110, 167
共感的理解　11, 14-16, 21, 42
共通性　22-24, 108, 109, 121, 123, 124, 129, 139, 141, 143, 144, 169
傾聴　11, 14, 15, 38, 57, 62, 77

KJ法　10, 12
ケース・マトリックス　125, 126, 128, 129, 135, 139, 140
言語面接　35, 40, 41
効果研究　4, 41
こころのケア　3
個別性　6, 14, 22, 23, 121-123, 173
コンサルテーション　16, 19, 26

[サ行]

質的研究　42, 125
象徴性　66, 74-76, 82, 141, 177
親近感　92, 98, 102, 103, 179, 180
深層心理学　83, 96, 173
身体性　74-76, 82
心的エネルギー　127, 131, 133, 136-138
心理査定（アセスメント）　3, 8, 12-17, 19, 20, 23, 24, 26
心理的距離　94-100, 108
心理臨床実践　4-7, 10-14, 16, 18, 20, 22, 28, 29, 34, 35, 39, 43, 44, 81, 93, 140, 147, 167, 168, 170-173, 189, 190
精神分析　29, 30, 49, 125-129, 157
セラピストの夢　148, 159, 161-164, 169
全体性　40, 76, 77, 84, 170
全体的理解　11, 17
専門性イメージ　10, 12, 18, 21, 27, 167
相違性　22, 124

[タ行]

対話・対決　30, 31, 34, 163
他者性　80, 118

索 引

地域援助　8, 13-17, 20, 23, 26
展望性　40, 41, 44, 122, 138, 142, 145, 147, 154, 156, 169
投影　81, 87, 100, 102-104, 106, 107, 119, 168
投映法　6, 85
同質性　61, 98, 99, 103, 108, 109
特殊性　5, 8-10, 14, 16, 18, 20-25, 27, 57, 61, 62, 167
トップダウン　45

[ナ行]
内的体験過程　5, 6, 25, 28, 40, 46, 47, 60, 63, 65, 66, 68-72, 76-81, 83-85, 110, 113, 118, 124, 145, 156, 168, 176-180
内的体験過程の四つの要素
　感覚的要素　78, 81-83, 85, 147, 168
　感情的要素　78-81, 83, 168
　思考的要素　78-81, 85, 147, 155, 168
　直観的要素　78, 79, 82-85, 147, 155, 162, 168
日常性（非日常性）　21, 24, 134, 136
人間性　23, 24, 174
認知行動療法（CBT）　173

[ハ行]
箱庭療法　34-37
非言語的アプローチ　34-36, 40
描画法　35, 36
表現療法　34, 35
病態水準　12, 15, 66, 68, 97, 118, 176
普遍性　6, 22, 121-123, 143, 173
フロイト（Freud, S.）　30-32, 34, 39, 75, 128
プロセス研究　4, 41-44, 46
弁証法　30-33
ボトムアップ　45, 46

[マ行]
見立て　11, 15, 16, 38, 79, 115, 117, 133, 137, 138, 142, 143, 156, 178
見守る　17, 36, 37, 40, 44, 68, 70, 101, 178
無意識　29, 30, 32, 33, 38, 39, 43, 45, 75, 78, 82-87, 96, 97, 99, 100, 103, 109, 119, 148, 158, 159, 162, 163, 165, 166, 168, 169, 174
メタ的視点　65, 66, 68-70, 72, 176, 179
面接空間　102, 119, 120, 158, 162-166, 168

[ヤ行]
ユング（Jung, C. G.）　30-34, 45, 75, 78, 80-83, 85, 105, 110
　――の逆転移理論　30, 33, 34, 41, 43, 81, 105, 164, 167
　――のタイプ論　78, 79, 83, 84, 171
ユング派　40, 49, 125-129, 145
読む　38-41, 44, 45, 122, 123, 129, 141-143

[ラ行]
ラポール　19, 95, 98, 99
力動的　6, 44, 45, 49, 84-87, 168
ロールプレイ　5, 46-52, 58, 63, 64, 85, 87, 88, 95
ロジャース（Rogers, C. R.）　41

187

あとがき

　本書は、2018年に京都大学大学院教育学研究科に提出した博士学位論文をもとに、加筆、修正を行ったものです。本書の出版にあたっては、京都大学総長裁量経費・若手研究者出版助成事業による助成を受けています。本書を出版する機会をいただき、深く感謝申し上げます。

　筆者は、人のためになることをしたいという漠然とした思いをもって、京都大学教育学部に入学し、心理臨床の世界に足を踏み入れました。その過程では、人のこころの深淵にふれ、人と人との間でこころが変わっていくことを身をもって体験し、その奥深さに強烈に惹かれていくと同時に、その一方で、こころという曖昧なものの捉えがたさや不明瞭さに戸惑い、いったい自分は何をしているのかという思いに駆られることをくり返していました。筆者の中では、このような両極端の思いが、常にぐるぐると渦巻いてきたように思われます。そのような渦に巻き込まれてもがく過程で、本書に示したような、臨床実践の内側から専門性を探求する、つまり聴き手側のこころの動きから心理臨床実践の中で何が起こっているかを探求しようとするアプローチを見出してきたように思います。それがこうして一つの形になった今、改めて振り返ってみると、筆者と心理臨床の関係の中には、常に心理臨床実践の中でいったい何が起こっているのかという大きな問いが存在し、実践の内側に入り込む感覚と、全体を俯瞰して捉えていく感覚を両輪にして、これに挑んできたように感じています。そういう意味で、本書には、この問いに対して筆者が試行錯誤を続けながら挑み続けてきたこれまでの過程が表れていると言えます。ゆえに、ここに表されていることは、唯一の答えやゆるぎない正解などではなく、むしろこの問いを、これから一生をかけて探求していくための筆者の小さな一歩であり、足がかりのようなものであると考えています。知識や経験不足から、十分な議論ができていない部分も多々あるかと思いますが、忌憚ないご意見、ご批判をいただけたらと思います。

あとがき

　また、今回一般の読者の方にも目にしていただける出版の機会をいただいたことで、筆者の中にはもう一つ、次のような思いも生じてきました。それは、日常の中で自分の家族や友達、知人の悩みを聴いているけれども、どのように聴いたらよいかわからないと悩む人々に向けても、何か意味のあることが伝えられたらという思いでした。専門家の聴き方の中には、何かヒントとなるエッセンスがあるように感じられたためです。ここで、本書全体を振り返ってみると、悩みを聴く過程で聴き手に体験されるさまざまな感情や感覚が、話し手を理解することにつながるという視点は、非専門家の中にはみられないような心理臨床実践特有のものでした。特に、相手の悩みを聴いている際に生じてくるような、怒りや悲しみ、つらさや苦しさなどのネガティブな思いは聴き手のこころから排除しようとされがちです。しかし、そうした感覚に対しても素直に向き合い、なぜそのような感覚が沸き起こってくるのかというところに目を向けていくことで、日常の中で悩みを聴く際にも相手を理解する手立てとなりえるということが、本書を通して伝わればと感じています。

　筆者にとっては、本書の執筆が心理臨床家としての出立のように感じられます。今後も、心理臨床実践を通して人のこころと深く向き合う中で、新たに自分自身の中に沸き起こってくる思いを大切にしながら、心理臨床実践の専門性を探求する問いに挑み続けていきたいと思います。

　本書の出版にあたって、非常に多くの方々に支えていただきました。すべての方々のお名前を載せることはかないませんが、ご指導、ご協力いただいた皆様に、ここに深く感謝申し上げます。

　まず、本書の根底には、筆者がこれまでに出会ったクライエントさんとの歩みの中で体験したことが流れています。筆者にとっては、心理臨床実践の場でお一人お一人のクライエントにお会いする時間は、共にこころの世界を漂わせていただく中で、ひとたび前の自分自身にはなかったような体験が生まれ、常に新たなこころの動きが展開される時間でもあると考えています。筆者がこれまで心理臨床実践の場で出会ったすべてのクライエントの皆様に深謝いたします。また、本書で臨床事例を執筆させていただきました、AさんおよびBさんにも心より感謝

を申し上げます。Aさんとの心理療法過程は常にこころ動かされるものであり、Bさんとの心理療法過程では深いところで展開する動きを教えてくださりました。皆様とのご縁に感謝いたします。

　また、調査にご協力いただきました皆様にも、感謝の意を申し上げます。皆様が自分自身の体験に真摯に向き合い、言葉にしてくださったことで、本書で扱ったこころの動きの性質が浮かび上がってきたように思います。

　そして、指導教員としてこれまで教え導いてくださった京都大学大学院教育学研究科の桑原知子教授には心より感謝を申し上げます。学部時代から研究や臨床実践の道で思い悩むことが多かった筆者を何度も支えてくださいました。先生のお力添えがあったことでここまで進んでくることができました。先生から学んだ臨床実践に対する姿勢は、これからも筆者の根底に流れ続けていくことと思います。また、学部時代から副指導教員として温かく深い眼差しで見守ってくださいました皆藤章京都大学名誉教授、大学院時代に副指導教員として細やかにご指導いただき、常に励ましの言葉をかけてくださいました京都大学大学院教育学研究科の髙橋靖恵教授、放送大学教養学部の大山泰宏教授にも深く感謝を申し上げます。先生方からのさまざまなご示唆は、本書においても随所で活かすことができました。ここに厚くお礼申し上げます。

　それから、臨床心理学研究室の先輩、後輩、同期の皆様にも感謝しております。共に学び、励まし合い、高め合える皆様の存在によって、時にくじけそうになっても、執筆を終えることができました。

　また、本書の出版にあたり、創元社の紫藤崇代様に大変お世話になりました。多くの励ましと細やかなサポートをいただきましたこと、心より感謝申し上げます。

　最後に、ここまでの筆者の歩みを常に温かく見守り、厳しくも魅力的な心理臨床の世界に進んでいく筆者を送り出してくれた家族に感謝いたします。筆者にとっては常に心の支えとなり、励ましとなっています。本当にありがとうございました。

2019年3月
鈴木優佳

―――― 初出一覧 ――――

本書を執筆するにあたり、いずれも大幅な加筆、修正を施している。なお、本書の出版に際し、日本心理臨床学会および日本箱庭療法学会から当該論文の転載許可を得た。

［第1章］
鈴木優佳（2018）．心理臨床の専門性をめぐる概観と特殊性――実践の内側からみる専門性に着目して　京都大学大学院教育学研究科紀要，64, 165-177.

［第3章］
鈴木優佳（2017）．ロールプレイを用いた専門家と非専門家の悩みの聴き方の違いに関する検討　心理臨床学研究，35 (1), 15-26.

［第4章］
鈴木優佳（2018）．悩みの聴き手の内的体験プロセスの検討――専門家と非専門家の比較から　箱庭療法学研究，30 (3), 15-26.

［第6章］
鈴木優佳（2017）．事例研究のメタ的分析の試み――複数セラピストの視点の共通性と心理療法プロセスのよみ方に着目して　京都大学大学院教育学研究科紀要，63, 27-39.

◆著者紹介

鈴木優佳 (すずき・ゆうか)

1990年、静岡県生まれ。2018年、京都大学大学院教育学研究科博士後期課程修了。博士（教育学）。臨床心理士。現在、京都大学大学院教育学研究科臨床心理学講座特定助教。専門は臨床心理学、心理療法。論文に「ロールプレイを用いた専門家と非専門家の悩みの聴き方の違いに関する検討」（心理臨床学研究，第35巻第1号，2017年）、「悩みの聴き手の内的体験プロセスの検討——専門家と非専門家の比較から」（箱庭療法学研究，第30巻第3号，2018年）など。

アカデミア叢書

聴き手のこころの動きから見る心理臨床の専門性
内的体験過程からのアプローチ

2019年3月10日　第1版第1刷発行

著　者	鈴木優佳
発行者	矢部敬一
発行所	株式会社 創元社 〈本　社〉 〒541-0047　大阪市中央区淡路町4-3-6 TEL.06-6231-9010（代）　FAX.06-6233-3111（代） 〈東京支店〉 〒101-0051　東京都千代田区神田神保町1-2 田辺ビル TEL.03-6811-0662（代） https://www.sogensha.co.jp/
印刷所	株式会社 太洋社

©2019 Printed in Japan　ISBN978-4-422-11648-8 C3311
〈検印廃止〉
落丁・乱丁のときはお取り替えいたします。

装丁・本文デザイン　長井究衡

JCOPY〈出版者著作権管理機構 委託出版物〉
本書の無断複製は著作権法上での例外を除き禁じられています。複製される場合は、そのつど事前に、出版者著作権管理機構（電話03-5244-5088、FAX 03-5244-5089、e-mail: info@jcopy.or.jp）の許諾を得てください。